Oraciones de Liberación y Sanación

Abriéndose a la Gracia de Dios

Cliff Ermatinger

Oraciones de Liberación y Sanación

Abriéndose a la Gracia de Dios

Padre Pio Press   Milwaukee

Cover image: St. Michael: by Peter Paul Rubens, 1623
Cover design by Ryan Rogers

© 2014 by Padre Pio Press, Milwaukee
All rights reserved
ISBN-ISBN-13:978-0615971780 (Padre Pio Press)
ISBN-10:0615971784

Printed in the United States of America

*Lleven con ustedes
todas las armas de Dios para
que puedan resistir las maniobras
del diablo. Pues no nos estamos enfrentando a
fuerzas humanas, sino a los poderes y autoridades
que dirigen este mundo y sus fuerzas oscuras, los
espíritus y fuerzas malas del mundo de arriba.
Por eso pónganse la armadura de Dios, para
que en el día malo puedan resistir y
mantenerse en la fila valiéndose
de todas sus armas.*

Carta de San Pablo a los Efesios 6:11-13

En Gratitud a Padre Pio

Indice

8

Introducción

Cada vez más, hay gente que pide oraciones de liberación y sanación. Eso está bien. En la mayoría de los casos, esto demuestra su profunda fe en Jesucristo y en su Iglesia, y también revela una profunda sensibilidad espiritual.

No obstante, con frecuencia, se puede observar que entre algunas de estas personas hay una mentalidad cuasi mágica que impulsa esta petición. Algo así como: "Padre, ayúdeme a librarme de esto que me molesta, para poder seguir con mi vida sin ningún tipo de conversión real". De hecho, muchas de éstas personas se quejan de perturbaciones diabólicas y se sorprenden cuando el sacerdote los regaña por ir a las botánicas a que les hagan una "limpia", o porque algún "vidente" les dijo que tenían que comprar algún aceite y hacer algunos ritos.

Uno podría pensar que un católico o un cristiano puede ver la contradicción de ir a la botánica el sábado, y a la iglesia el domingo. Sin embargo, desgraciadamente, esto es algo que ocurre frecuentemente.

Las oraciones que se ofrecen en este libro no son mágicas. Las palabras no significan nada si no hay una fe sincera en Jesucristo, detrás de ellas, y un verdadero deseo de entregarse a sí mismo al Corazón de Cristo. ¡Cristo es un liberador y sanador! Eso es cierto, como Dios Él es todopoderoso. Sin embargo, vemos en la Sagrada Escritura que su divino poder está limitado por la falta de fe (Mateo 13:58). Además, algunos demonios sólo son expulsados mediante la oración y el ayuno (Marcos 9:29). En otras palabras, la fe y la conversión dan vida a estas oraciones.

La fe se traduce como confianza en Cristo. Y la confianza en Cristo significa abandonarse en su voluntad. El auténtico deseo de cumplir la voluntad de Dios.

La conversión significa el arrepentimiento sincero de los propios pecados y la firme resolución de no volver a ellos.

Nuestra oración es ofensiva para el Señor si faltan, una o ambas, de estas cualidades: *"Porque este pueblo se acerca a mí, pero su corazón está lejos de mí"* (Isaías 29:13).

Hay ciertas reglas prudenciales para las oraciones de liberación a fin de no ponerse uno mismo en peligro:

Los laicos pueden orar unos por otros, y por cualquier razón que esté dentro de la voluntad de Dios: salud, salvación, arrepentimiento, acción de gracias, etc. Sin embargo, si se sospecha que existe influencia y presencia diabólica en cierta persona, es necesario seguir las indicaciones de la Santa Sede para la protección propia:

1. Al orar por alguien más, cualquier persona puede dirigir sus oraciones a Dios pidiendo por la liberación de los espíritus malignos.
2. Nadie puede dar órdenes a los espíritus malignos para salir de alguien más.

3. Un individuo que sospeche que pueda estar afectado por malos espíritus puede ordenarles en el Santo Nombre de Jesús salir de él.

4. Los padres que tienen autoridad sobre sus hijos también pueden ordenar a los malos espíritus en el Santo Nombre de Jesús salir de sus hijos.

5. Es peligroso para los laicos el imponer las manos los unos sobre los otros. Esto es propiamente un gesto sacerdotal. Como padre espiritual, el sacerdote goza de la protección de la Iglesia en la imposición de manos sobre una persona afligida, mientras que los laicos no tienen esta protección. De hecho, podría tener un efecto contrario, es decir, transferir los malos espíritus por la imposición de manos sobre una persona afligida y terminar con problemas similares.

He sido testigo de la importancia del perdón, con el fin de ser liberado de los malos espíritus. El diablo quiere que seamos prisioneros de nuestro rencor, de nuestra amargura. Pidan a Dios por la gracia del perdón – independientemente de lo que sientan por esa persona que les hizo mal. El perdón parece tener una vida útil corta. En otras palabras, tiene que ser renovado con bastante frecuencia – tan a menudo como el recuerdo de las injusticias del pasado regresen. No pretendemos que sean de nuestro agrado la gente que no lo son. Pero podemos amarlos con la caridad de Cristo. ¿Qué significa eso? Significa orar por ellos, pedir a Dios que los perdone y los bendiga, y nosotros seguimos con nuestra propia vida. Cuanto más rápido respondamos de ésta manera a los recuerdos negativos que nos puedan atacar, más rápido nuestro corazón se configurará en el amor de Cristo.

La renuncia de los pecados pasados, la confesión y la firme voluntad de no volver a ellos, también es fundamental.

La dedicación a la oración es la decisión de tener la mente y los sentimientos de Cristo (1 Cor. 02:16). Esto no sucede porque decimos algunas oraciones, sino porque en realidad pasamos tiempo con Él en la adoración Eucarística, en meditación. Esta práctica de meditación ayuda especialmente a las personas que sufren de adicciones a la pornografía. Para esto, nos ponemos en la presencia de Dios, leemos un breve pasaje del Evangelio, imaginamos la escena con nuestro interior y hablamos con Cristo al respecto. Si nuestros sentidos exteriores e interiores se han dado a Satanás a través de la pornografía y de la impureza, entonces es una cuestión de reclamar estos aspectos de nuestras vidas para Cristo. Esto es abrirse a sí mismo a la acción transformadora de la gracia de Dios. Si ustedes son lo suficientemente valientes (y humildes) como para hacer esto, entonces pueden esperar milagros. Dios tiene mucha experiencia en eso.

Mi plegaria es que cada persona que entre en contacto con este libro – ya sea usándolo para orar, o si es para alguien más – tenga una experiencia de sanación y liberación que sólo Cristo puede dar.

¡Que Dios los bendiga!

Capítulo Uno
Oraciones Para Pedir Perdón

Oración de Perdón

En el nombre de Jesucristo, yo *(di tu nombre completo)* perdono a: *(di el nombre de la persona a la que vas a perdonar)*. Te perdono por toda ofensa, humillación, envidia, maldición y rechazo. Te perdono por los pleitos, insultos, abandonos, golpes y rencores. Te perdono por tu alcoholismo, por las infidelidades y mentiras. Te perdono por no cumplir lo prometido, por tus chismes y calumnias.Te perdono por toda falta de amor, consideración y caridad. *(Respira profundamente y menciona todo lo que tengas que sentir de la persona que estás perdonando)*.
En el Nombre de Jesús: yo te perdono, en el Corazón de Jesús: yo te perdono, en la Misericordia de Jesús: yo te perdono, te bendigo y desato todo lazo de rencor entre tú y yo. Delante de Dios te declaro inocente y libre, ya no me debes nada, le pido a Jesús que te ame profundamente, te llene de paz y se manifieste en ti con abundancia de bienes espirituales y materiales.
Amén, amén, amén.

Coronilla a la Divina Misericordia

(Se utiliza un rosario común de cinco decenas)

1. *Comenzar con un Padre Nuestro, Avemaría, y Credo (de los apóstoles).*
   <u>Credo de los apóstoles:</u> Creo en Dios Padre todopoderoso, creador del cielo y de la tierra. Creo en Jesucristo, su único Hijo, nuestro Señor. Fue concebido por obra y gracia del Espíritu Santo y nació de la Virgen María. Padeció bajo el poder de Poncio Pilato. Fue crucificado, muerto y sepultado. Descendió a los infiernos. Al tercer día resucitó de entre los muertos. Subió a los cielos, y está sentado a la diestra de Dios Padre. Desde allí ha de venir a juzgar a vivos y muertos. Creo en el Espíritu Santo, la santa Iglesia Católica, la comunión de los santos, el perdón de los pecados, la resurrección de los muertos, y la vida eterna. Amén.

2. *En las cuentas grandes correspondientes al Padre Nuestro decir una vez:*
   "Padre Eterno, te ofrezco el Cuerpo, la Sangre, el Alma y la Divinidadde Tu Amadísimo Hijo, nuestro Señor Jesucristo, como propiciación de nuestros pecados y los del mundo entero".

3. *En las cuentas pequeñas correspondientes al Ave María decir diez veces:*
"Por Su dolorosa Pasión ten misericordia de nosotrosy del mundo entero".

4. *Al finalizar las cinco decenas de la coronilla se repite tres veces:*
"Santo Dios, Santo Fuerte, Santo Inmortal, ten piedad denosotros y del mundo entero".

5. *Oración final (opcional):*
"Oh Sangre y agua que brotaste del Corazón de Jesús como una fuente de misericordia para nosotros, en Ti confío".

(Rezarla de preferencia a las 3 p.m. "La hora de La Misericordia")

Oración de Perdón
(P. Roberto De Grandis)

Señor Jesucristo, hoy te pido la gracia de poder perdonar a todos los que me han ofendido en mi vida. Sé que Tú me darás la fuerza para perdonar. Te doy gracias porque Tú me amas y deseas mi felicidad más que yo mismo.

Señor Jesucristo, hoy quiero perdonarme por todos mis pecados, faltas y todo lo que es malo en mí y todo lo que pienso que es malo. Señor, me perdono por cualquier intromisión en ocultismo, usando tablas de uija, horóscopos, sesiones, adivinos, amuletos, tomando tu nombre en vano, no adorándote; por herir a mis padres, emborracharme, usar droga, por pecados contra la pureza, por adulterio, aborto, robar, mentir. Me perdono de verdad.

Señor, quiero que me sanes de cualquier ira, amargura y resentimiento hacia Ti, por las veces que sentí que Tú mandaste la muerte a mi familia, enfermedad, dolor de corazón, dificultades financieras o lo que yo pensé que eran castigos. ¡Perdóname, Jesús, Sáname!

Señor, perdono a mi madre por las veces que me hirió, se resintió conmigo, estuvo furiosa conmigo, me castigó, prefirió a mis hermanos y hermanas a mí, me dijo que era tonto, feo, estúpido o que le había costado mucho dinero a la familia, o cuando me dijo que no era deseado, que fui un accidente, una equivocación o no era lo que quería.

Perdono a mi padre por cualquier falta de apoyo, falta de amor, o de afecto, falta de atención, de tiempo, o de compañía, por beber, por mal comportamiento, especialmente con mi madre y los otros hijos, por sus castigos severos, por desertar, por estar lejos de casa, por divorciarse de mi madre, por no serle fiel.

Señor, perdono a mis hermanos y hermanas que me rechazaron, dijeron mentiras de mí, me odiaron, estaban resentidos contra mí, competían conmigo por el amor de mis padres; me hirieron físicamente o me hicieron la vida desagradable de algún modo. Les perdono, Señor.

Señor, perdono a mi cónyuge por su falta de amor, de afecto, de consideración, de apoyo, por su falta de comunicación, por tensión, faltas, dolores o aquellos otros actos o palabras que me han herido o perturbado.

Señor, perdono a mis hijos por su falta de respeto, obediencia, falta de amor, de atención, de apoyo, de comprensión, por sus malos hábitos, por cualquier mala acción que me puede perturbar.

Señor, perdono a mi abuela, abuelo, tíos, tías y primos, que hayan interferido en la familia y hayan causado confusión, o que hayan enfrentado a mis padres.

Señor, perdono a mis parientes políticos, especialmente a mi suegra, mi suegro, perdono a mis cuñados y cuñadas.

Señor, hoy te pido especialmente la gracia de perdonar a mis yernos y nueras, y otros parientes por matrimonio, que tratan a mis hijos sin amor.

Jesús, ayúdame a perdonar a mis compañeros de trabajo que son desagradables o me hacen la vida imposible. Por aquellos que me cargan con su trabajo, cotillean de mí, no cooperan conmigo, intentan quitarme el trabajo. Les perdono hoy.

También necesito perdonar a mis vecinos, Señor. Por el ruido que hacen, por molestar, por no tener sus perros atados y dejar que pasen a mi jardín, por no tener la basura bien recogida y tener el vecindario desordenado; les perdono.

Ahora perdono a mi párroco y los sacerdotes, a mi congregación y mi comunidad por su falta de apoyo, mezquindad, falta de amistad, malos sermones, por no apoyarme como debieran, por no usarme en un puesto de responsabilidad, por no invitarme a ayudar en puestos mayores y por cualquier otra herida que me hayan hecho; les perdono hoy.

Señor, perdono a todos los profesionales que me hayan herido en cualquier forma, médicos, enfermeras, abogados, policías, trabajadores de hospitales. Por cualquier cosa que me hicieron; les perdono sinceramente hoy.

Señor, perdono a mi jefe por no pagarme lo suficiente, por no apreciarme, por no ser amable o razonable conmigo, por estar furioso o no ser dialogante, por no promocionarme, y por no alabarme por mi trabajo.

Señor, perdono a mis profesores y formadores del pasado así como a los actuales; a los que me castigaron, humillaron, insultaron, me trataron injustamente, se rieron de mí, me llamaron tonto o estúpido, me hicieron quedar castigado después del colegio.

Señor, perdono a mis amigos que me han decepcionado, han perdido contacto conmigo, no me apoyan, no estaban disponibles cuando necesitaba ayuda, les presté dinero y no me lo devolvieron, me criticaron.

Señor Jesús, pido especialmente la gracia de perdonar a esa persona que más me ha herido en mi vida. Pido perdonar a mi peor enemigo, la persona que más me cuesta perdonar o la persona que haya dicho que nunca la perdonaría.

Gracias Jesús, porque me estás liberando del mal de no perdonar y pido perdón a todos aquellos a los que yo también he ofendido. Gracias, Señor, por el amor que llega a través de mí hasta ellos. Amén.

Capítulo Dos
Oración de Renuncia

Oración de Renuncia

En tu nombre Jesucristo, yo *(di tu nombre completo)* de manera personal y a nombre de mis antepasados: Renuncio a satanás, a todas sus fascinaciones, seducciones y mentiras.

Renuncio a toda práctica de brujería, magia blanca, negra, de cualquier color, santería, hechicería o vudú.

Renuncio a toda limpia con huevo, yerbas, bálsamos, vino, sangre o fuego.

Renuncio a todo pacto, reto, sello, alianza o consagración al demonio; a conjuros, perjuros, maleficios e invocaciones diabólicas.

Renuncio a toda maldición, mal deseo, envidia, odio, rencor, resentimiento, codicia, avaricia, soborno, robo, fraude, despojo o enriquecimiento ilícito.

Renuncio a todo acto de orgullo, soberbia, prepotencia, vanidad y egolatría.

Renuncio a todo rito de iniciación chamánica, espiritista, espiritualista, masonería, filosofía rosacruz, dianética y a toda secta o sociedad secreta.

Renuncio a todo conocimiento de la nueva era, creencia en la re-encarnación, esoterismo, metafísica, meditación trascendental, yoga, a todo acto de curanderismo, a las operaciones espirituales, hipnotismo con regresiones, baños con flores, especies, yerbas, sangre de animales o humana o con otras substancias con fines mágicos.

Renuncio a toda lujuria, aborto, adulterio, homosexualidad, bisexualidad, incesto, violación, pornografía, bestialismo, promiscuidad y prostitución. A todo lo que yo u otras personas hayan hecho ilícitamente para controlar, nulificar o desbordar mi sexualidad.

En el nombre de Jesucristo, renuncio al culto y veneración a la llamada "santa muerte" o al vampirismo, a todo encantamiento, invocación y evocación de muertos, a espíritus custodios, guardianes, cósmicos, protectores, espías, vigilantes, a seres espirituales nombrados "maestros de sabiduría", o a cualquier otro ser maléfico en forma oculta o manifiesta.

Renuncio a todo acto o juego de mediumnidad, a la ouija, al control mental, al manejo del péndulo, a instrumentos para encontrar "tesoros ocultos" o dinero enterrado.

Renuncio también a toda clase de adivinación, sortilegio, lectura de cartas, café y caracoles, a toda forma de astrología, horóscopos o cartas astrales.

Renuncio a los amuletos y talismanes, a las herraduras, pirámides, cuarzos, imanes, agujas, sábilas o ajos con moños rojos, imágenes de santos mezcladas con tierra de panteón, velas y veladoras de colores "curadas", fetiches y representaciones de mi persona de cualquier material y forma que se encuentren enterrados o sean manipulados por mí mismo u otras personas.Renuncio a toda forma equivocada de "medicina alternativa" que bajo engaños haya ritualizado mi ser al demonio.

En el nombre de Jesús, renuncio a toda comida o bebida mezclada con brujería que haya yo ingerido, y a todo lo que haya sido tirado, rociado o untado en mi cuerpo, ropa, zapatos, casa, trabajo, negocio o cualquier pertenencia u objeto que esté cercano a mí, que haya sido maldecido o consagrado al mal.

En el nombre de Jesucristo denuncio, renuncio y echo fuera de mí a todo espíritu de traición, destrucción, muerte, esclavitud, ausencia de Dios, miseria, mendicidad, soltería, infelicidad matrimonial, viudez, orfandad, amargura, envejecimiento o muerte prematura, persecución, problemas con las leyes o la justicia humana, esterilidad, humillación, rechazo, insomnio, deseos de suicidio, aislamiento, locura, soledad, neurosis, depresión, obsesión, miedo, angustia, debilidad, enfermedades crónicas, invalidez, ceguera, sordera, mudez, falta de olfato, imposibilidad de saborear la comida, insensibilidad, celos, inconformidad, incapacidad para vivir, conseguir o conservar un trabajo, una pareja, un matrimonio o una familia.

En el nombre de Jesús denuncio, renuncio y echo fuera de mí todo espíritu de alcoholismo o de cualquier otra adicción, de mal carácter, de falta de memoria, de falta de control y dominio de mi ser, irrealidad, inconsciencia, envidia, abandono, gula, suciedad, desorden, malos olores crónicos en mi cuerpo, ropa o casa, de falta de fe, esperanza y caridad, de falta de interés en la vida, de desprecio a la eucaristía y de aborrecimiento o flojera para tener vida de oración.

Corto, destruyo y nulifico los medios a través de los cuales fueron hechos los daños antes mencionados, si fueron veladoras, fotos, ropa, tijeras, agujas, fetiches, entierros, lo que haya sido.

Renuncio a lo que en forma consciente o inconsciente haya yo hecho o haya sido hecho por otra persona en mi nombre para obtener poderes, dinero, éxito, buena suerte o pretender saber el futuro, o bien para conseguir el amor y la salud propios o ajenos, o tener dominio y control sobre personas, objetos, animales, lugares, espíritus y fuerzas de la naturaleza.

Nulifico los efectos de cualquier práctica contraria al compromiso adquirido a través de mi bautismo, de fidelidad y reconocimiento a Jesucristo como mi único Salvador, a los Sacramentos, a la Virgen María y a la iglesia católica.A lo que impida el ejercicio de mi sentido común, capacidad de juicio, entendimiento y voluntad.

Echo fuera de mí todo aquello con lo que haya intentado sustituir el amor y la confianza de Jesús.

Renuncio al rechazo de mis padres desde el instante de mi concepción y durante mi vida en el seno materno.

Renuncio al mal que me causaron por intentar abortarme: con yerbas, sustancias químicas o con objetos punzo cortantes.

Renuncio a todo el rencor que tengo si fui dado en adopción o abandonado sin haber conocido a mis padres biológicos o a maldiciones recibidas durante mi gestación.

Nulifico por las llagas de Jesús todo mandato de fracaso, muerte en vida y suicidio que hay en mí por estas causas, la incapacidad para aceptar el amor de Dios, para aceptarme a mí mismo o a las personas, para estudiar, trabajar y ser feliz.

Renuncio a todo lo que sea contrario a la salud, el respeto y la dignidad que como templo del Espíritu Santo, necesita todo mi ser y que esté impidiendo relacionarme con Dios, conmigo mismo (a), con mi entorno en una forma sana, tener una familia unida y un trabajo digno y bien remunerado.

Padre Santo, te lo ruego, sana toda mi vida, toda mi historia personal, perdóname, ayúdame, libérame, bendíceme.

Padre Dios, acepto que Tú seas mi Padre, Jesucristo mi Hermano, la Virgen María mi Madre, porque hoy, yo *(di tu nombre completo)* les pertenezco para siempre.

A través de Tu Santo Espíritu, guíame para la reparación de todas las faltas que cometí y enséñame a amar Tu Voluntad. Gracias Padre.

Capítulo Tres
Oraciones Para Pedir Protección

Oración a San Miguel

San Miguel Arcángel, defiéndenos en la batalla.
Sé nuestro amparo contra la perversidad
y las asechanzas del demonio.
Reprímale Dios, te pedimos suplicantes.
Y tú, oh Príncipe de la Milicia Celestial,
arroja al infierno con el Divino Poder a satanás
y a todos los espíritus malignos
que andan dispersos por el mundo
para la perdición de las almas.
Amén.

Oración de Protección

Yo *(di tu nombre completo)* con la Sangre preciosa de Jesús, protejo y sello todo mi ser, interior y exteriormente, deposito en el Corazón Inmaculado de la Virgen María, todo mi haber y poseer; para que ni en el presente, ni en ningún momento futuro, lleguen a ellos daños por venganzas de lo oculto.

En el nombre de Jesús, queda prohibida toda acción e interacción, toda comunicación e intercomunicación espiritual. Invoco la presencia de los ángeles, arcángeles (Miguel, Gabriel y Rafael), principados, virtudes, potestades, dominaciones, querubines, serafines y tronos de dios; para que sean ellos quienes lleven a cabo esta batalla contra el mal. Pido la ayuda de la comunión de los santos.

Señor Jesús, en Tu Nombre, y con el poder de Tu Sangre Preciosa sellamos toda persona, hechos o acontecimientos a través de los cuales el enemigo nos quiera hacer daño.

Con el Poder de la Sangre de Jesús sellamos toda potestad destructora en el aire, en la tierra, en el agua, en el fuego, debajo de la tierra, en las fuerzas satánicas de la naturaleza, en los abismos del infierno, y en el mundo en el cual nos moveremos hoy.

Con el poder de la Sangre de Jesús rompemos toda interferencia y acción del maligno. Te pedimos Jesús que envíes a nuestros hogares y lugares de trabajo a la Santísima Virgen acompañada de San Miguel, San Gabriel, San Rafael y toda su corte de Santos Ángeles.

Con el Poder de la Sangre de Jesús sellamos nuestra casa, todos los que la habitan (nombrar a cada una de ellas), las personas que el Señor enviará a ella, así como los alimentos, y los bienes que Él generosamente nos envía para nuestro sustento.

Con el poder de la Sangre de Jesús sellamos tierra, puertas, ventanas, objetos, paredes y pisos, el aire que respiramos y en fe colocamos un círculo de Su Sangre alrededor de toda nuestra familia.

Con el Poder de la Sangre de Jesús sellamos los lugares en donde vamos a estar este día, y las personas, empresas o instituciones con quienes vamos a tratar *(nombrar a cada una de ellas)*.

Con el poder de la Sangre de Jesús sellamos nuestro trabajo material y espiritual, los negocios de toda nuestra familia, y los vehículos, las carreteras, los aires, las vías y cualquier medio de transporte que habremos de utilizar.

Con Tu Sangre preciosa sellamos los actos, las mentes y los corazones de todos los habitantes y dirigentes de nuestra Patria a fin de que Tu paz y Tu Corazón al fin reinen en ella.
Te agradecemos Señor por Tu Sangre y por Tu Vida, ya que gracias a Ellas hemos sido salvados y somos preservados de todo lo malo. Amén.

Coronilla de San Benito

La Corona de San Benito es muy fácil de rezar. Se comienza rezando el Credo, seguido por tres cortas jaculatorias tomadas de la Medalla de San Benito. Cada jaculatoria se dice tres veces y al final se acompaña de un Padrenuestro, Avemaría y Gloria. Se finaliza con una oración, unas letanías a San Benito y otra oración final de intercesión y de petición de una gracia o favor.

Credo
Creo en Dios Padre, Todopoderoso, creador del cielo y de la tierra. Creo en Jesucristo, su único Hijo, Nuestro Señor, que fue concebido por obra y gracia del Espíritu Santo, nació de Santa María Virgen; padeció bajo el poder de Poncio Pilato, fue crucificado, muerto y sepultado, descendió a los infiernos, al tercer día resucitó de entre los muertos, subió a los cielos y está sentado a la derecha de Dios, Padre todopoderoso. Desde allí ha de venir a juzgar a los vivos y a los muertos. Creo en el Espíritu Santo, la santa Iglesia Católica, la comunión de los santos, el perdón de los pecados, la resurrección de la carne y la vida eterna. Amén.

Jaculatorias de la Medalla de San Benito
¡Que la Santa Cruz sea mi Luz, y que el demonio no sea mi guía! *(Tres veces)*.
Padre Nuestro, Ave María, Gloria.

¡Retrocede, Satanás, no me persuadirás de cosas vanas!
(Tres veces)
Padre Nuestro, Ave María, Gloria.
Lo que me presentes, será inútil... ¡bebe tú mismo de tu propio veneno!
(Tres veces)
Padre Nuestro, Ave María, Gloria.

Oración
Padre Eterno, en unión con tu Divino Hijo y el Espíritu Santo, y a través del Inmaculado Corazón de María, yo te suplico que destruyas el poder de tus más grandes enemigos: los espíritus malignos. Arrójalos a lo más profundo del infierno y déjalos ahí por toda la eternidad. ¡Oh Padre Eterno!, concédenos el Reino del Corazón de Jesús y del Inmaculado Corazón de María. Yo repetiré esta oración por puro amor, con cada latido de mi corazón y en cada uno de mis suspiros. Amén.
(Si se desea, se puede rezar también una Salve).

Letanía de San Benito
Señor Ten piedad – *Señor Ten piedad.*
Cristo Ten piedad – *Cristo Ten piedad.*
Señor Ten piedad – *Señor Ten piedad.*
Cristo, Ten piedad – *Cristo Ten piedad.*
Cristo escúchanos – *Cristo escúchanos.*
Padre del Cielo Dios – *Ten piedad de nosotros.*

Hijo Redentor del mundo – *Ten piedad de nosotros.*

Espíritu Santo Dios – *Ten piedad de nosotros.*

Santa Trinidad Único Dios – *Ten piedad de nosotros.*

Santa María – *Ruega por nosotros.*

Santo Padre Benito – *Ruega por nosotros.*

Gloria de los Patriarcas – *Ruega por nosotros.*

Cumplidor de su Santa Regla – *Ruega por nosotros.*

Retrato de todas las virtudes – *Ruega por nosotros.*

Ejemplo de perfección –*Ruega por nosotros.*

Perla de santidad – *Ruega por nosotros.*

Santo Padre Benito – *Ruega por nosotros.*

Sol que reluce en la Iglesia de Cristo – *Ruega por nosotros.*

Estrella que reluce en la Casa de Dios – *Ruega por nosotros.*

Inspirador de muchos santos – *Ruega por nosotros.*

Serafín de fuego – *Ruega por nosotros.*

Querubín transformado – *Ruega por nosotros.*

Autor de cosas maravillosas – *Ruega por nosotros.*

Santo Padre Benito – *Ruega por nosotros.*

Dominador de los demonios – *Ruega por nosotros.*

Modelo de monjes – *Ruega por nosotros.*

Erradicador de ídolos – *Ruega por nosotros.*

Honor de los confesores de la fe – *Ruega por nosotros.*

Consolador de las almas – *Ruega por nosotros.*

Ayuda en las tribulaciones – *Ruega por nosotros.*

Santo Padre Benito – *Ruega por nosotros.*

Cordero de Dios que quitas los pecados del mundo,
¡Perdónanos Señor!
Cordero de Dios que quitas los pecados del mundo,
¡Satisfácenos Señor!
Cordero de Dios que quitas los pecados del mundo,
¡Ten piedad de nosotros Señor!

Capítulo Cuatro
Oraciones de Liberación

Oración de San Benito

La Santa Cruz sea mi Luz
no sea el demonio mi guía
retírate satanás
no me aconsejes cosas vanas
son malas las cosas que brindas
bebe tú ese veneno.

Escudo de San Patricio
(Oración Exorcista)

Me envuelvo hoy día y ato a mí una fuerza poderosa, la invocación de la Trinidad, la fe en las Tres Personas, la confesión en la unidad de Creador del Universo.

Me envuelvo hoy día y ato a mí la fuerza del Cristo con su Bautismo, la fuerza de su crucifixión y entierro, la fuerza de su resurrección y ascensión, la fuerza de su regreso para el Juicio de Eternidad.

Me envuelvo hoy día y ato a mí la fuerza del amor de los querubines, la obediencia de los ángeles, el servicio de los arcángeles, la esperanza de la resurrección para el premio, las oraciones de los patriarcas, las profecías de los profetas, las predicaciones de los apóstoles, la fe de los mártires, la inocencia de las santas vírgenes y las buenas obras de los confesores.

Me envuelvo hoy día y ato a mí el poder del Cielo, la luz del sol, el brillo de la luna, el resplandor del fuego, la velocidad del rayo, la rapidez del viento, la profundidad del mar, la firmeza de la tierra, la solidez de la roca.

Me envuelvo hoy día y ato a mí la fuerza de DIOS para orientarme, el poder de DIOS para sostenerme, la sabiduría de DIOS para guiarme, el ojo de DIOS para prevenirme, el oído de DIOS para escucharme, la palabra de DIOS para apoyarme, la mano de DIOS para defenderme, el camino de DIOS para recibir mis pasos, el escudo de DIOS para protegerme, los ejércitos de DIOS para darme seguridad contra las trampas de los demonios, contra las tentaciones de los vicios, contra las inclinaciones de la naturaleza, contra todos aquellos que desean el mal de lejos y de cerca, estando yo solo o en la multitud.

Convoco hoy día a todas esas fuerzas poderosas, que están entre mí y esos males, contra las encantaciones de los falsos profetas, contra las leyes negras del paganismo, contra las leyes falsas de los herejes, contra la astucia de la idolatría, contra los conjuros de brujas, brujos y magos, contra la curiosidad que daña el cuerpo y el alma del hombre.

Invoco a Cristo que me proteja hoy día del veneno, del incendio, del ahogo, de las heridas, para que pueda alcanzar yo abundancia de premio.

Cristo conmigo, Cristo delante de mí, Cristo detrás de mí, Cristo en mí, Cristo bajo mí, Cristo sobre mí, Cristo a mi derecha, Cristo a mi izquierda, Cristo alrededor de mí.
Cristo en la anchura, Cristo en la longitud, Cristo en la altura, Cristo en la profundidad de mi corazón.
Cristo en el corazón y la mente de todos los hombres que piensan en mí, Cristo en la boca de todos los que hablan de mí, Cristo en todo ojo que me ve, Cristo en todo oído que me escucha.

Me envuelvo hoy día en una fuerza poderosa, la invocación de la Trinidad, la fe en las Tres Personas, la confesión de la unidad del Creador del Universo.
Del Señor es la salvación, del Señor es la salvación, De Cristo es la salvación. Tu salvación Señor esté siempre con nosotros. Amén.

Oración Para Sellar la Sanación

(Con el dedo pulgar de la mano derecha hacer el signo de la Cruz en la frente y repetir)

Con la Sangre Preciosa de Jesús, sello esta sanación que Tú Padre Dios acabas de hacer en mí, para que no vuelvan más estos males y espíritus a mi vida, ni en número de uno, ni en ningún otro número, ni de la misma naturaleza, ni de naturaleza parecida.

Te ruego Padre Dios que el Espíritu Santo ocupe todo mi ser y restaure las virtudes que estos males han destruido en mí.
Desato en mi todos los dones y frutos de Tu Santo Espíritu.
Envíame tus ángeles administradores de paz, unidad, salud y prosperidad.

Espíritu Santo de Dios recibe la consagración perfecta y absoluta de todo mi ser, dígnate ser en adelante mi Director, mi Luz, mi Guía, mi Fuerza y todo el amor de mi corazón. Amén, amén, amén.

Oraciones Contra el Maleficio
(Del ritual griego)

Kyrie elèison. *(Tres veces)*
Dios nuestro Señor, oh Soberano de los siglos, omnipotente y todopoderoso, Tú que lo has hecho todo y que lo transformas todo con tu sola voluntad; Tú que en Babilonia transformaste en rocío la llama del horno siete veces más ardiente y que protegiste y salvaste a tus tres niños santos; Tú que eres Doctor y Médico de nuestras almas; Tú que eres la Salvación de aquellos que se dirigen a Ti: te pedimos y te invocamos, haz vana, expulsa y pon en fuga toda potencia diabólica, toda presencia y maquinación satánica, toda influencia maligna y todo maleficio o mal de ojo de personas maléficas y malvadas realizados sobre tu siervo. Haz que, en cambio, de la envidia y el maleficio, obtenga abundancia de bienes, fuerza éxito y caridad.

Tú, Señor, que amas a todos los hombres, extiende tus manos poderosas y tus brazos altísimos y potentes y ven a socorrer, y visita esta imagen tuya, mandando sobre ella al ángel de la paz, fuerte y protector del alma y del cuerpo, que mantendrá alejado y expulsará a cualquier fuerza malvada, todo envenenamiento y hechicería de personas corruptoras y envidiosas, de modo que debajo de ti, tu suplicante protegido te cante con gratitud: "El

Señor es mi Salvador y no tendré temor de lo que pueda hacerme el hombre. No tendré temor del mal porque Tú estás conmigo, Tú eres mi Dios, mi fuerza, mi poderoso Señor, Señor de la paz, Padre de los siglos futuros".

Sí, Señor Dios nuestro, ten compasión de Tu imagen y salva a tu siervo de todo daño o amenaza procedente del maleficio, y protégelo poniéndolo por encima de todo mal.

Por la intercesión de la más Bendita, gloriosa Señora, la Madre de Dios y siempre Virgen María, de los resplandecientes arcángeles y de todos los Santos. Amén.

Oración Contra Todo Mal

Espíritu del Señor, Espíritu de Dios, Padre, Hijo y Espíritu Santo, Santísima Trinidad, Virgen Inmaculada, ángeles, arcángeles y santos del paraíso, descended sobre mí.Fúndeme, Señor, modélame, lléname de ti, utilízame.
Expulsa de mí todas las fuerzas del mal, aniquílalas, destrúyelas, para que yo pueda estar bien y hacer el bien.

Expulsa de mí los maleficios, las brujerías, la magia negra, las misas negras, los hechizos, las ataduras, las maldiciones y el mal de ojo; la infestación diabólica y la obsesión diabólica; todo lo que es mal, pecado, envidia, celos y perfidia; la enfermedad física, psíquica, moral, espiritual y diabólica.

Quema todos estos males en el infierno, para que nunca más me toquen a mí ni a ninguna otra criatura en el mundo.

Ordeno y mando con la fuerza de Dios omnipotente, en nombre de Jesucristo Salvador, por intermedio de la virgen Inmaculada, a todos los espíritus inmundos, a todas las presencias que me molestan, que me abandonen inmediatamente, que me abandonen definitivamente y que se vayan al infierno eterno, encadenados por San Miguel arcángel, por San Gabriel, por San Rafael, por nuestros ángeles custodios, aplastados bajo el talón de la Virgen Santísima Inmaculada.

Plegaria de Liberación

Oh, Señor, tú eres grande, tú eres Dios, tú eres Padre, nosotros te rogamos, por la intercesión de Maríay con la ayuda de los arcángeles Miguel, Rafael y Gabriel, que nuestros hermanos y hermanassean liberados del maligno que los ha esclavizado.Oh, santos, venid todos en nuestra ayuda.

De la angustia, la tristeza y las obsesiones, nosotros te rogamos:

Líbranos, oh Señor.

Del odio, la fornicación y la envidia, nosotros te rogamos:

Líbranos, oh Señor.

De los pensamientos de celos, de rabia y de muerte, nosotros te rogamos:

Líbranos, oh Señor.

De todo pensamiento de suicidio y de aborto, nosotros te rogamos:

Líbranos, oh Señor.

De toda forma de sexualidad mala, nosotros te rogamos:

Líbranos, oh Señor.

De la división de la familia, de toda amistad mala, nosotros te rogamos:

Líbranos, oh Señor.

De toda forma de maleficio, de hechizo, de brujería y cualquier mal oculto, nosotros te rogamos:

Líbranos, oh Señor.

Oh, Señor, que dijiste "la paz os dejo, mi paz os doy", por la intercesión de la Virgen María concédenos ser liberados de toda maldición y gozar siempre de tu paz.Por Cristo Nuestro Señor. Amén.

Oración de la Sangre de Cristo

Señor Jesús, en tu nombre y con el Poder de tu Sangre Preciosasellamos toda persona, hechos o acontecimientos a través de los cuales el enemigo nos quiera hacer daño.

Con el Poder de la Sangre de Jesús sellamos toda potestad destructora en el aire, en la tierra, en el agua, en el fuego, debajo de la tierra, en las fuerzas satánicas de la naturaleza, en los abismos del infierno, y en el mundo en el cual nos movemos hoy.

Con el Poder de la Sangre de Jesúsrompemos toda interferencia y acción del maligno.Te pedimos Jesús que envíes a nuestros hogares y lugares de trabajo a la Santísima Virgen acompañada de San Miguel, San Gabriel, San Rafael y toda su corte de Santos Ángeles.

Con el Poder de la Sangre de Jesús sellamos nuestra casa, todos los que la habitan *(nombrar a cada una de ellas)*, las personas que el Señor enviará a ella, así como los alimentos y los bienes que Él generosamente nos envíapara nuestro sustento.

Con el Poder de la Sangre de Jesússellamos tierra, puertas, ventanas, objetos, paredes, pisos y el aire que respiramos, y en fe colocamos un círculo de Su Sangre alrededor de toda nuestra familia.

Con el Poder de la Sangre de Jesússellamos los lugares en donde vamos a estar este día, y las personas, empresas o instituciones con quienes vamos a tratar *(nombrar a cada una de ellas)*.

Con el Poder de la Sangre de Jesússellamos nuestro trabajo material y espiritual, los negocios de toda nuestra familia, y los vehículos, las carreteras, los aires, las vías y cualquier medio de transporte que habremos de utilizar.

Con Tu Sangre preciosa sellamos los actos, las mentes y los corazones de todos los habitantes y dirigentes de nuestra Patria a fin de que Tu Paz y Tu Corazón al fin reinen en ella.

Te agradecemos Señor por Tu Sangre y por Tu Vida, ya que gracias a Ellas hemos sido salvados y somos preservados de todo lo malo. Amén.

Oración de Liberación
Monseñor Morales

Señor nuestro Jesucristo te adoro, te alabo, te bendigo, gracias por tu infinito amor por el que te has hecho uno de nosotros naciendo de la Virgen María y por el que subiste a la Cruz para dar tu vida por nosotros.

Gracias por tu sangre preciosísima con que nos has redimido.

Con tu sangre preciosísima brotada de tus sacratísimas sienes traspasadas por espinas: cúbrenos, séllanos, lávanos, purifícanos, libéranos, destruye en nosotros todo pecado, toda iniquidad, todo poder maligno, todo poder satánico.

Con tu sangre preciosísima brotada de tu hombro y espalda llagados por la Cruz a cuestas: cúbrenos, séllanos, lávanos, purifícanos, libéranos, destruye en nosotros todo pecado, toda iniquidad, todo poder maligno, todo poder satánico.

Con tu sangre preciosísima brotada de tu costado abierto por la lanza: cúbrenos, séllanos, lávanos, purifícanos, libéranos, destruye en nosotros todo pecado, toda iniquidad, todo poder maligno, todo poder satánico.

Con tu sangre preciosísima brotada de tus pies y de tus manos traspasados por los clavos: cúbrenos, séllanos, lávanos, purifícanos, libéranos, destruye en nosotros todo pecado, toda iniquidad, todo poder maligno, todo poder satánico.

Con tu sangre preciosísima brotada de todo tu cuerpo llagado por los azotes: cúbrenos, séllanos, lávanos, purifícanos, libéranos, destruye en nosotros todo pecado, toda iniquidad, todo poder maligno, todo poder satánico.
(Tres veces Gloria)

Amén, Amén, Amén.

Oración de Liberación y Sanación

En el nombre del Padre, del Hijo y del Espíritu Santo invoco a todos los ángeles y a los santos.

Me dirijo a ti Bendita Virgen María, Madre Santísima, Reina de toda la creación, te pido tu bendición, tu protección y tu intercesión, invoco la protección y ayuda de San Miguel el Arcángel líder de los ejércitos celestiales, de todos los arcángeles y ángeles, me uno a la alabanza, adoración y gloria dada a nuestro Dios Padre, Hijo y Espíritu Santo, invoco en el nombre de Jesús la bendición, protección y ayuda de todos los patriarcas, los profetas, los confesores, vírgenes y mártires, los discípulos de Jesús, los Apóstoles, y de todos los santos que han existido y que existen.

En el Nombre de Jesús entro en comunión con la Santa Iglesia de Cristo y ratifico mi fe en el Santo Nombre de Jesús y en su preciosa Sangre. En el nombre de Jesús renuncio al pecado, renuncio a Satanás y sus trabajos de maldad, me entrego totalmente a Jesucristo para la Gloria de Dios.

Dios Padre todopoderoso, creador de los cielos y de la tierra, de todo lo visible e invisible, Padre amadísimo, en unión con la Virgen María, los ángeles y los santos, te hablo humildemente en el nombre de Jesús.

Te exalto y magnifico por tu grandeza inigualable, te alabo por todas tus perfecciones y atributos, te adoro y te doy gracias por el regalo de mi vida, por permitirme estar en tu Presencia Santa.
Padre amado conoces mi intención, sabes que somos oprimidos por aquellos espíritus rebeldes que nos incitan al pecado y que nos hacen estar lejos de Ti.

Señor, yo he pecado por mi propio deseo y te confieso mi culpa, por favor borra las huellas de mi pecado y acepta mi oración en el nombre de Jesús.

Señor, Dios Todopoderoso, en el nombre de Jesús te pido mi liberación y la liberación de todos los que sienten la influencia del maligno en sus vidas.

En el Santo Nombre de Jesús, cúbreme con su Preciosa sangre.
Libérame Señor, libera a *(mencionar nombres)*.

Señor Dios Supremo Rey del Universo, Padre de todos los espíritus, te alabo y te doy gracias por haberme enseñado la grandeza del Santo Nombre de tu Hijo Jesús, me arrodillo en unión de toda rodilla en el Cielo, en la Tierra y debajo de la tierra, y confieso con toda lengua que Jesús es Señor, para tu Gloria Oh Dios Omnipotente.

Padre amado, te exalto y te alabo por tu generosidad con la raza humana, por aceptar el sacrificio de tu Amadísimo Hijo Nuestro Señor Jesucristo en reparación de todos nuestros pecados, por permitir que la Preciosa Sangre de Cristo lave nuestras almas y nos purifique de nuevo en tu Santa Imagen.

Bendito seas Dios Padre Misericordioso que nos has enviado a tu hijo para que a través de su Preciosa Sangre podamos ser salvados del pecado y liberados de nuestro enemigo el demonio.

Padre amado, por el poder del Santo nombre de Jesús y de su Preciosa sangre, libérame Señor de todo espíritu maligno que tenga influencia sobre mí, desátame Señor de las cadenas que me unen a la maldad.
Libérame Señor, libera a *(mencionar nombres)*.

Separa el enemigo de mi vida, arrójalo fuera de mí, expúlsalo Señor. En el Santo Nombre de Jesús, cúbreme con su Preciosa sangre.
Libérame Señor, libera a *(mencionar nombres)*.
Dios Padre Todopoderoso, en el nombre de Jesús te pido que ganes esta batalla, tengo fe en tu Poder, alabo tu Majestad, exalto tu Autoridad sobre el enemigo, confío totalmente en que Tú estás haciendo este trabajo para mi Salvación y la Salvación de aquellos por quienes rezo.

Libera Señor, suspende para siempre la opresión del maligno, establece tu dominio, ahuyenta con tu Presencia a todos tus enemigos. Revela tu Gloria. Cristo ha vencido al demonio en la cruz, saca el enemigo fuera de mi vida, para tu Honor y Gloria. En el Santo Nombre de Jesús, cúbreme con su Preciosa sangre.
Libérame Señor, libera a *(mencionar nombres)*.

Señor Jesús, me arrepiento de todos los pecados que he cometido a lo largo de la vida y te pido tu perdón. Señor pasa por toda mi vida desde el momento de mi concepción y sáname del amor que me pudo haber faltado, lléname de tu amor.

Bendice a mis padres antes de mi nacimiento, borra cualquier lujuria que haya habido en ellos, purifícales con tu preciosa sangre. Oh Dios omnipotente que lo puedes todo, bendice mi vida desde mi comienzo, bendice mi niñez, mi juventud, bendice a lo largo de toda mi vida y hazte presente con tu autoridad para liberarme de cualquier influencia diabólica que me haya perturbado o que aún esté presente en mi vida. Limpia mi alma para que quede blanca como la nieve.

Señor Jesús, libérame de cualquier resentimiento que yo lleve en mi corazón contra cualquier miembro de mi familia, cualquier persona que yo haya conocido a lo largo de mi vida, en tu Santo Nombre, cúbreme con tu Preciosa sangre.
Libérame Señor, libera a *(mencionar nombres)*.

Libérame Señor de cualquier resentimiento que yo tenga en contra mía por todos mis errores y torpezas, por todas mis fallas
y caídas, saca Señor todas mis frustraciones, en tu Santo Nombre,

cúbreme con tu Preciosa sangre.
Libérame Señor, libera a *(mencionar nombres)*.

Sáname Señor de cualquier resentimiento que yo lleve en contra tuya por haberme sentido ofendido con mi destino el cual es tu santa voluntad, en tu Santo Nombre, cúbreme con tu Preciosa sangre.
Libérame Señor, libera a *(mencionar nombres)*.

Señor Jesús, Dios misericordioso, Tú conoces la razón por la cual el enemigo me ataca, Libérame Señor y salva mi alma. Libérame Señor de toda maldición que yo haya recibido, de todo odio, hechizo, brujería, mal de ojo, espiritismo, satanismo, magia, yoga, guija, clarividencia, adivinaciones, cultos, ocultismo.

Señor Jesús tu das libertad a los cautivos, en tu Santo Nombre, cúbreme con tu Preciosa sangre, aleja al maligno por tu santo poder.
Libérame Señor, libera a *(mencionar nombres)*.
Libérame Señor de todo espíritu maligno contraído por abuso sexual, aberraciones, deseos impuros, avaricia, ira, o cualquier pecado que yo haya cometido, perdóname Señor, en tu Santo Nombre, cúbreme con tu Preciosa sangre, libérame para la Gloria de tu Santo Nombre.
Libérame Señor, libera a *(mencionar nombres)*.

Señor Jesús tu ganaste nuestra libertad en la cruz, en tu Santo Nombre, cúbreme con tu Preciosa sangre, aleja al maligno por tu santo poder.
Libérame Señor, libera a *(mencionar nombres)*.

Señor Jesús, Dios todopoderoso, tú eres luz, manifiesta tu presencia sobre los espíritus de la oscuridad que me rodean, Señor Jesús tú eres la Luz del mundo, en tu Santo Nombre, cúbreme con tu Preciosa sangre, aleja al maligno por tu santo poder.

Libérame Señor, libera a *(mencionar nombres)*.

Señor Jesús, tú eres el Rey de la Paz, manifiesta tu presencia sobre todos los espíritus malignos que me perturban, comanda tu Paz sobre esta tormenta, en tu Santo Nombre, cúbreme con tu Preciosa sangre, aleja al maligno por tu santo poder.

Libérame Señor, libera a *(mencionar nombres)*.

Señor Jesús, tú eres el Gozo de todo el que te conoce, saca Señor el enemigo que me roba la felicidad, libérame Señor, en tu Santo Nombre, cúbreme con tu Preciosa sangre, aleja al maligno por tu santo poder.

Libérame Señor, libera a *(mencionar nombres)*.

Señor Jesús, tú eres El gran Amor de Dios, manifiesta tu presencia sobre todos los espíritus de odio que han atacado mi vida, en tu Santo Nombre, cúbreme con tu Preciosa sangre, aleja al maligno por tu santo poder.

Libérame Señor, libera a *(mencionar nombres)*.

Señor Jesús, tú eres humildad, manifiesta tu presencia sobre el espíritu del orgullo que me ha llevado a desafiarte con mis pecados, en tu Santo Nombre, cúbreme con tu Preciosa sangre, aleja al maligno por tu santo poder.
Libérame Señor, libera a *(mencionar nombres)*.

Señor Jesús, tú eres caridad, manifiesta tu presencia sobre toda avaricia que me haya tocado el corazón, en tu Santo Nombre, cúbreme con tu Preciosa sangre, aleja al maligno por tu santo poder.
Libérame Señor, libera a *(mencionar nombres)*.

Señor Jesús, tú eres amor al prójimo, manifiesta tu presencia sobre toda envidia que me haya manchado el alma, en tu Santo Nombre, cúbreme con tu Preciosa sangre, aleja al maligno por tu santo poder.
Libérame Señor, libera a *(mencionar nombres)*.

Señor Jesús, tú eres paciencia y comprensión, manifiesta tu presencia sobre toda ira que yo haya tenido, en tu Santo Nombre, cúbreme con tu Preciosa sangre, aleja al maligno por tu santo poder.
Libérame Señor, libera a *(mencionar nombres)*.

Señor Jesús, tú eres pureza, manifiesta tu presencia sobre toda impureza y lujuria que haya manchado mi alma, en tu Santo Nombre, cúbreme con tu

Preciosa sangre, aleja al maligno por tu santo poder.

Libérame Señor, libera a *(mencionar nombres)*.

Señor Jesús, tú eres amo sobre todas las cosas, tú tienes todo control, manifiesta tu presencia sobre toda glotonería, la falta de control, en tu Santo Nombre, cúbreme con tu Preciosa sangre, aleja al maligno por tu santo poder.

Libérame Señor, libera a *(mencionar nombres)*.

Señor Jesús, tú eres el constructor del Universo, tu trabajo es continuo y necesario para mi salvación, manifiesta tu presencia sobre todo espíritu de pereza que me haya influenciado, en tu Santo Nombre, cúbreme con tu Preciosa sangre, aleja al maligno por tu santo poder.

Libérame Señor, libera a *(mencionar nombres)*.

Señor Dios, Espíritu Santo, espíritu de Dios el Padre y del Hijo, Amor del Padre y del Hijo, Amor Divino que sostiene el universo. Dios Todopoderoso y Omnipotente que llenas la creación con tu Santa Presencia, escúchame en el nombre de Dios el Padre y del Hijo, bendíceme con tu Amor y tu Paz.

Señor Dios, que me has hecho tu templo, perdóname por no haber respetado tu morada santa, por haberte echado con mi maldad.

Dios, Espíritu Santo, en el nombre de Jesús, saca cualquier mal espíritu que ha venido a tomar tu lugar, toma posesión una vez más de tu templo y perdona mi pecado. En el Santo Nombre de Jesús, cúbreme con tu Amor divino.
Libérame Señor, libera a *(mencionar nombres)*.

Espíritu de amor aleja todo odio de mi vida, espíritu de caridad saca toda avaricia y envidia de mi alma, espíritu de paciencia y entendimiento saca toda ira, espíritu de la pureza saca toda lujuria de mi corazón, limpia mi mente, espíritu de perfección saca toda imperfección, saca toda gula, intemperancia y destruye mi pereza para que yo pueda ser un digno templo de tu presencia.

En el Santo Nombre de Jesús, cúbreme con tu Amor divino. Libérame Señor, libera a *(mencionar nombres)*.

Señor Dios, Padre, Hijo y Espíritu Santo. En tu santo nombre reclamo que liberes mi alma y me hagas de nuevo un digno Hijo de Dios, En el Santo nombre de Jesús reclamo mi sanación física y espiritual. Padre mío no me abandones, Jesús mío ten misericordia de mí, Espíritu Santo lléname, bendíceme y fortaléceme.

Señor Dios, Padre, Hijo y Espíritu Santo, en compañía de la Virgen María, de los ángeles y de los santos te bendigo, te alabo, te doy gracias y te glorifico porque hoy me has sanado, hoy me has liberado, hoy has roto las cadenas que me amarraban, hoy has recreado tu imagen santa en mi alma, hoy has triunfado una vez más. Gracias Señor Jesús, gracias Señor Jesús, gracias Señor Jesús.

Aleluya, Aleluya, Aleluya, Amén. ¡Gloria a Dios!

Capítulo Cinco
Oraciones de Intercesión

Oración al Padre Pio Por Alguna Necesidad

Bienaventurado P. Pio, testigo de fe y de amor. Admiramos tu vida como fraile Capuchino, como sacerdote y como testigo fiel de Cristo. El dolor marcó tu vida y te llamamos "Un crucificado sin Cruz".

El amor te llevó a preocuparte por los enfermos, a atraer a los pecadores, a vivir profundamente el misterio de la Eucaristía y del perdón.

Fuiste un poderoso intercesor ante Dios en tu vida, y sigues ahora en el cielo haciendo bien e intercediendo por nosotros.

Queremos contar con tu ayuda. Ruega por nosotros.Lo pedimos por Jesucristo, nuestro Señor. Amén.

Oración de Petición a San Benito

Te saludamos con filial afecto, Oh glorioso Padre San Benito, obrador de maravillas, cooperador de Cristo en la obra de salvación de las almas. ¡Oh Patriarca de los monjes! Mira desde el cielo la viña que plantó tu mano.
Multiplica el número de tus hijos, y santifícalos.
Protege de un modo especial a cuantos nos ponemos con filial cariño bajo tu amparo y protección.
Ruega por los enfermos, por los tentados, por los afligidos, por los pobres, y por nosotros que te somos devotos.
Alcánzanos a todos una muerte tranquila y santa como la tuya. Aparta de nosotros en aquella hora suprema las acechanzas del demonio, y aliéntanos con tu dulce presencia.
Ahora consíguenos la gracia especial que te pedimos *(mencionar su intención aquí)*.

Oh! Padre Eterno, te suplico que destruyas el poder de tus más grandes enemigos: los espíritus malignos. Arrójalos a lo más profundo del infierno y déjalos ahí para siempre. Amen.

Capítulo Seis
Oraciones de Sanación

Oración por los enfermos del Padre Pio

Santo padre Pío, ya que durante tu vida terrena mostraste un gran amor por los enfermos y afligidos, escucha nuestros ruegos e intercede ante el Padre misericordioso por los que sufren. Asiste desde el cielo a todos los enfermos del mundo; sostiene a quienes han perdido toda esperanza de curación; consuela a quienes gritan o lloran por sus tremendos dolores; protege a quienes no pueden atenderse o medicarse por falta de recursos materiales o ignorancia; alienta a quienes no pueden reposar porque deben trabajar; vigila a quienes buscan en la cama una posición menos dolorosa; acompaña a quienes pasan las noches insomnes; visita a quienes ven que la enfermedad frustra sus proyectos; alumbra a quienes pasan una "noche oscura" y desesperan; toca los miembros y músculos que han perdido movilidad; ilumina a quienes ven tambalear su fe y se sienten atacados por dudas que los atormentan; apacigua a quienes se impacientan viendo que no mejoran; calma a quienes se estremecen por dolores y calambres; concede paciencia, humildad y constancia a quienes se rehabilitan; devuelve la paz y la alegría a quienes se llenaron de angustia; disminuye los padecimientos de los más débiles y ancianos; vela junto al lecho de los que perdieron el conocimiento; guía a los moribundos al gozo eterno; conduce a los que más lo necesitan al encuentro con Dios; y bendice abundantemente a quienes los asisten en su dolor, los consuelan en su angustia y los protegen con caridad. Amén.

Otra oración por los Enfermos

Omnipotente y sempiterno Dios, Salud de los que en Ti creen y esperan, escucha las oraciones que te hacemos por nuestros enfermos, y, por intersección de la Santísima Virgen de la Medalla Milagrosa, concede vida abundante a sus almas y devuélveles, según tu beneplácito, la salud del cuerpo.
Te lo pedimos por Cristo Nuestro Señor. Amén.
Ave María Purísima, Sin Pecado Concebida.

Oración de Sanación Interior

Señor Jesús, Tú has venido a curarlos corazones heridos y atribulados, te ruego que cures los traumas que provocan turbaciones en mi corazón; te ruego, en especial que curesaquellos que son causa de pecado.

Te pido que entres en mi vida, que me cures de los traumas psíquicos que me han afectado en tierna edad y de aquellas heridas que me los han provocado a lo largo de toda la vida.

Señor Jesús, Tú conoces mis problemas, los pongo todos en Tu corazón de Buen Pastor. Te ruego, en virtud de aquella gran llaga abierta en Tu Corazón, que cures las pequeñas heridas que hay en el mío.

Cura las heridas de mis recuerdos, a fin de que nada de cuanto me ha acaecido me haga permanecer en el dolor, en la angustia, en la preocupación.
Cura, Señor, Todas esas heridas que, en mi vida, han sido causa de raíces de pecado. Quiero perdonar a todas las personas que me han ofendido, mira esas heridas interioresque me hacen incapaz de perdonar. Tú que has venido a curar los corazones afligidos, cura mi corazón.

Cura, Señor Jesús, mis heridas íntimasque son causa de enfermedades físicas. Yo te ofrezco mi corazón, acéptalo, Señor, purifícalo y damelos sentimientos de Tu Corazón Divino.Ayúdame a ser humilde y benigno. Concédeme, Señor, la curación del dolor que me oprime por la muerte de las personas queridas.Haz que pueda recuperar la paz y la alegríapor la certeza de que Tú eres la Resurrección y la Vida.

Hazme testigo auténticode Tu Resurrección, de Tu Victoria sobre el pecado y la muerte, de Tu Presencia Viviente entre nosotros.Amén.

Oración por los Enfermos
(Padre Emiliano Tardif)

Jesús. Señor Jesús. Creemos que estás vivo y resucitado. Creemos que estás realmente presente en el Santísimo Sacramento del Altar y en cada uno de nosotros. Te alabamos y te adoramos. Te damos gracias Señor, por venir hasta nosotros como pan vivo bajado del Cielo. Tú eres la plenitud de la vida. Tú eres la Resurrección y la Vida. Tú eres, Señor la salud de los enfermos.

Hoy te queremos presentar a todos los enfermos que están aquí, porque para ti no hay distancia ni en el tiempo ni en el espacio.
Tú eres el eterno presente y tú lo conoces.
Ahora, Señor, te pedimos que tengas compasión de ellos.
Visítalos a través de tu Evangelio proclamado en la Santa Biblia, para que todos reconozcan que tú estás vivo en tu Iglesia de hoy; y que se renueve su fe y su confianza en ti.
Te lo suplicamos Jesús. Ten compasión de los que sufren en su cuerpo, de los que sufren en su

corazón y de los que sufren en su alma que están orando y viendo los testimonios de lo que Tú estás haciendo por tu Espíritu Renovador en el mundo entero.

Ten compasión de ellos, Señor. Desde ahora te pedimos. Bendícelos a todos y haz que muchos vuelvan a encontrar la salud, que su fe crezca y se vayan abriendo a las maravillas de tu amor, para que también ellos sean testigos de tu poder y de tu compasión.

Te lo pedimos Jesús, por el poder de tus santas llagas, por tu santa cruz y por tu preciosa sangre. Sánalos Señor. Sánalos en su cuerpo, Sánalos en su corazón, Sánalos en su Alma. Dales vida y vida en abundancia. Te lo pedimos por intersección de María Santísima, tu Madre, la Virgen de los Dolores, la que estaba presente, de pie, cerca de la cruz. La que fue la primera en contemplar tus santas llagas y que nos distes por madre.

Tú nos has revelado que ya has tomado sobre ti todas nuestras dolencias y por tus santas llagas hemos sido curados. Hoy, Señor, te presentamos en fe todos los enfermos que nos han pedido oración y te pedimos que los alivies en su enfermedad y que les des la salud.

Te pedimos por la gloria del Padre del Cielo, que sanes a los enfermos que van a leer este libro. Haz que crezcan en la fe, en la esperanza, y que reciban la salud para la gloria de tu Nombre.Para que tu Reino siga extendiéndose más y más en los corazones, a través de los signos y prodigios de tu amor.

Todo esto te lo pedimos Jesús, porque tú eres Jesús. Tú eres el buen pastor y todos somos ovejas de tu rebaño.
Estamos tan seguros de tu amor, que aún antes de conocer el resultado de nuestra oración, en fe te decimos: gracias Jesús por lo que tú vas hacer en cada uno de ellos. Gracias por los enfermos que tú estás sanando ahora, que tú estás visitando con tu misericordia.
Que los cubras de tu sangre divina, y que a través de este mensaje, tu corazón de buen pastor hable a los corazones de tantos enfermos que van a leerlo.
¡Gloria y alabanza a ti, Señor¡

Oración por la Curación Interior

Señor Jesús, tú has venido a curar los corazones heridos y atribulados, te ruego que cures los traumas que provocan turbaciones en mi corazón;

te ruego, en especial que cures aquellos que son causa de pecado.

Te pido que entres en mi vida, que me cures de los traumas psíquicos que me han afectado en tierna edad y de aquellas heridas que me los han provocado a lo largo de toda la vida. Señor Jesús, tú conoces mis problemas, los pongo todos en tu corazón de Buen Pastor.

Te ruego, en virtud de aquella gran llaga abierta en tu corazón, que cures las pequeñas heridas que hay en el mío.
Cura las heridas de mis recuerdos, a fin de que nada de cuanto me ha acaecido me haga permanecer en el dolor, en la angustia, en la preocupación.

Cura, Señor, todas esas heridas íntimas que son causa de enfermedades físicas. Yo te ofrezco mi corazón, acéptalo, Señor, purifícalo y dame los sentimientos de tu Corazón divino. Ayúdame a ser humilde y benigno.

Concédeme, Señor, la curación del dolor que me oprime por la muerte de las personas queridas. Haz que pueda recuperar la paz y la alegría por la certeza de que tú eres la Resurrección y la Vida.

Hazme testigo auténtico de tu Resurrección, de tu victoria sobre el pecado y la muerte, de tu presencia Viviente entre nosotros. ¡Amén!

Oración de Sanación de Recuerdos
(P. Emiliano Tardif)

Como todos estamos enfermos por heridas en nuestro pasado, a continuación hacemos una oración de curación interior para que el Señor sane el corazón de los que reconozcan necesitarlo.

Padre de bondad, Padre de amor, te bendigo, te alabo y te doy gracias porque por amor nos diste a Jesús.

Gracias Padre porque a la luz de tu Espíritu comprendemos que Él es la luz, la verdad y el buen pastor, que ha venido para que tengamos vida y la tengamos en abundancia.

Hoy, Padre, quiero presentarte a este hijo*(a)*.
Tú lo *(la)* conoces por su nombre.
Te lo *(la)* presento, Señor, para que Tú pongas tus ojos de Padre amoroso en su vida.

Tú conoces su corazón y conoces las heridas de su historia.
Tú conoces todo lo que él *(ella)* ha querido hacer y no ha hecho.
Conoces también lo que hizo o le hicieron lastimándolo.

Tú conoces sus limitaciones, errores y su pecado. Conoces los traumas y complejos de su vida.

Hoy, Padre, te pedimos que por el amor que le tienes a tu Hijo, Jesucristo, derrames tu Santo Espíritu sobre este hermano*(a)* para que el calor de tu amor sanador, penetre en lo más íntimo de su corazón.

Tú que Sanas los corazones destrozados y vendas las heridas sana a este hermano, Padre.
Entra en ese corazón, Señor Jesús, como entraste en aquella casa donde estaban tus discípulos llenos de miedo. Tú te apareciste en medio de ellos y les dijiste: "paz a vosotros".
Entra en este corazón y dale tu paz.
Llénalo de amor.
Sabemos que el amor echa fuera el temor.
Pasa por su vida y sana su corazón.
Sabemos, Señor, que Tú lo haces siempre que te lo pedimos, y te lo estamos pidiendo con María, nuestra Madre, la que estaba en las bodas de Caná cuando no había vino y Tú respondiste a su deseo, transformando el agua en vino.

Cambia su corazón y dale un corazón generoso, un corazón afable, un corazón bondadoso, dale un corazón nuevo.
Haz brotar, Señor, en este hermano*(a)* los frutos de tu presencia.

Dale el fruto de tu Espíritu que es el amor, la paz y la alegría.

Haz que venga sobre él *(ella)* el Espíritu de las bienaventuranzas, para que él *(ella)* pueda saborear y buscar a Dios cada día viviendo sin complejos ni traumas junto a su esposo*(a)*, junto a su familia, junto a sus hermanos.

Te doy gracias, Padre, por lo que estás haciendo hoy en su vida.

Te damos gracias de todo corazón porque Tú nos sanas, porque Tú nos liberas, porque Tú rompes las cadenas y nos das la libertad.

Gracias, Señor, porque somos templos de Tú Espíritu y ese templo no se puede destruir porque es la Casa de Dios.

Te damos gracias, Señor, por la fe.

Gracias por el amor que has puesto en nuestros corazones.

¡Qué grande eres Señor!

Bendito y alabado seas, Señor.

Oración de Sanación de la Propia Imagen
(Del P. Robert de Grandis)

Padre, en nombre de Jesús, nos dirigimos a Ti para que toques a cada uno de estos hermanos y les des una buena imagen de sí mismos y una verdadera autoestima en Cristo Jesús.

Señor, ellos pueden que se sientan indignos, inapropiados o inferiores; quizás se sientan feos, tímidos, patosos o que no hacen nada bien. A lo mejor les llamaron apodos que no les gustaron, e incluso de adultos pueden sentirse inseguros y no amados. Señor Jesús, llévate sus sentimientos de fracaso, de vergüenza, decepción, culpabilidad o timidez. Te pedimos que los liberes de toda fuerza negativa que les ha mantenido en la esclavitud y les ha apartado de vivir una vida abundante y victoriosa.

Amado Señor, hazles saber cuánto les amas y que ellos son la niña de tus ojos. Nos dirigimos a Ti, para que sepan que Tú has muerto en la cruz, no solo por sus pecados, sino también por sus profundas heridas emocionales y sus recuerdos dolorosos. Te rogamos, Señor, que sanes todo lo herido y roto que haya en ellos. Ayúdales a amarse a sí mismos, a aceptar tu perdón, a perdonarse a sí mismos y perdonar a otros.

Señor Jesús, llena los vacíos de sus vidas. Y dales el amor y la seguridad que pueden no haber recibido. Dales un atrevimiento santo, confianza y nuevas energías para que puedan hacer todas las cosas a través tuyo. Señor, dales una buena imagen de sí mismos. Y que puedan verse como Tú los ves: especiales, dignos y perdonados, para que cada uno de ellos llegue a ser la persona que Tú creaste y quieres que sea. En el precioso nombre de Jesús. Amén.

Oración de Sanación por la Familia

¡Señor Jesús! Hoy venimos a Ti, en nombre de cada una de las personas de nuestra familia. Tú, en tus designios de amor por cada uno de nosotros, nos has colocado en ella y nos has vinculado a cada una de las personas que la componen.

En primer lugar, te queremos dar gracias de todo corazón por cada uno de los miembros de mi familia, por todo el amor que he recibido tuyo a través de ellos y te queremos alabar y glorificar porque nos has colocado en ella. A través de la familia y en la familia, tú nos has dado la vida y has querido para nosotros que formemos un núcleo de amor.

Hoy, Señor, queremos que Tú pases con tu sanación por cada uno de nosotros y realices tu obra de amor en cada uno de nosotros. Y antes de nada, Señor, queremos pedirte perdón por todas las faltas de amor que hayamos tenido en casa, por todas nuestras indelicadezas, por todas nuestras faltas de comprensión, por no ser a veces cauces de tu amor para ellos.

En primer lugar, Jesús, te pedimos que entres en el corazón de cada uno y toques aquellas experiencias de nuestra vida que necesiten ser sanadas. Tú nos conoces mucho mejor que nosotros mismos; por lo tanto, llena con tu amor todos los rincones de nuestro corazón. Donde quiera que encuentres – el niño herido – tócalo, consuélalo y ponlo en libertad.

Vuelve a recorrer nuestra vida, la vida de cada uno de nosotros, desde el principio, desde el mismo momento de nuestra concepción. Purifica las líneas hereditarias y líbranos de aquellas cosas que puedan haber ejercido una influencia negativa en aquel momento. Bendícenos mientras íbamos formándonos en el vientre de nuestra madre y quita todas las trabas que puedan haber dificultado, durante los meses de gestación, nuestro desarrollo en plenitud.

Danos un profundo deseo de querer nacer y sana cualquier trauma tanto físico como emocional que pudiera habernos dañado durante nuestro nacimiento. ¡Gracias, Señor!, por estar ahí presente para recibimos a cada uno de nosotros en tus brazos en el momento mismo de nuestro nacimiento, para darnos la bienvenida a la tierra y asegurarnos que Tú nunca nos faltarías ni nos abandonarías.

Jesús, te pedimos que rodees nuestra infancia con tu luz y que toques aquellos recuerdos que nos impiden ser libres. Si lo que más necesitamos cada uno fue más cariño maternal, mándanos a tu Madre, la Virgen María, para que nos dé lo que nos falta. Pídele que nos abrace a cada uno, que nos arrulle a cada uno, que nos cuente cuentos y llene el vacío que necesita el calor y el consuelo que sólo una madre puede dar.

Quizá "el niño interior" siente la falta del amor del padre. Señor Jesús, déjanos gritar con libertad, con todo nuestro ser: "¡Abba!, ¡papá! ¡Papaíto!. Si necesitábamos alguno de nosotros más cariño paternal y la seguridad de que nos deseaban, y nos amaban de verdad, te pedimos que nos levantes y nos hagas sentir la fuerza de tus brazos protectores. Renueva nuestra confianza y danos el valor que necesitamos para hacer frente a las adversidades de la vida, porque sabemos, Padre nuestro, que tu amor nos levantará y nos ayudará si tropezamos y caemos.

Recorre nuestra vida, Señor, y consuélanos cuando otros nos trataban mal. Sana las heridas de los encuentros que nos dejaron asustados, que nos hicieron entrar en nosotros mismos y levantar barreras de defensa ante la gente. Si alguno de nosotros se ha sentido solo, abandonado y rechazado por la humanidad, concédenos por medio de tu amor que lo sana todo, un nuevo sentido del valor de cada uno como persona.

¡Oh Jesús! nos presentamos en este día ante ti, toda la familia y te pedimos que sanes nuestras relaciones, que sean unas relaciones llenas de cariño, de comprensión y de ternura y que nuestra familia se parezca a la tuya.
Te pedimos, por intercesión de tu Madre, la Reina de la Paz, que nuestros hogares sean lugares de paz, de armonía y donde realmente experimentemos tu presencia. ¡Gracias, Señor!

Oración por los Enfermos
(Del Padre Emiliano Tardif, M. S. C. Emitida en Radio 5 de RNE)

Señor, Tú eres el buen pastor y Tú has dicho: "vengan a mí todos los que están cansados y cargados y Yo los aliviaré".
Venimos a ti con todos los enfermos de esta parroquia que están unidos con nosotros, te lo suplicamos Jesús, bendícelos a todos, pon tu mano de buen pastor sobre cada uno de ellos y por los méritos de tu pasión comienza a sanarlos de su enfermedad; si es tu santa voluntad sabemos Jesús

que Tú puedes sanarlos; y te lo pedimos en fe, no mires nuestros pecados sino la fe de tu Iglesia y por el poder de tus Llagas Gloriosas, por tu Santa Cruz y por tu Preciosa Sangre comienza a sanar a muchos de ellos Señor.

Y a los que Tú no vas a sanar hoy porque en tu plan providencial, Tú tienes algo distinto para ellos, te pedimos que les des fortaleza para que nunca se desesperen y que sepan ofrecer sus sufrimientos uniéndolos a tus sufrimientos en la Cruz para darle un valor de redención.

Pero estamos tan seguros de tu presencia viva en medio de nosotros Señor que, aun antes de conocer el resultado de nuestra oración en fe te decimos gracias por todo lo que estás haciendo ahora por nuestros enfermos.

Y todo esto te lo pedimos por intercesión de nuestra Madre la Virgen Santísima; y te damos gracias por lo que Tú vas a seguir haciendo por ellos.

Oración por los Enfermos de Cuerpo Entero

Jesús sabemos que tú estás presente en el santísimo sacramento del altar con tu cuerpo, sangre, alma y divinidad.
Bendito y adorado sea el sacratísimo Corazón Eucarístico de Jesús.

Te alabamos y bendecimos, quisiste tener una mamá para que te diera su cuerpo y su sangre para que tú la derramaras por nosotros. Gracias Jesús.

Y como María, queremos abandonarnos a tu voluntad, para que en tus manos de alfarero divino reconviertas nuestra vasija en una obra de arte para ti.

Aquí estoy Jesús tal y como soy, tal vez humillado, tal vez perseguido, incomprendido, calumniado, alegre, triste, enfermo, sea como sea mi estado te digo "Señor hágase en mí según tu Palabra".

Tú eres Cristo Jesús Salvador de mi historia presente, pasada y futura, ven a caminar por ellas y bendícelas.

Tú curaste a los leprosos, cura mi lepra espiritual, producida por mi pecado, pecado de soberbia, debilidad o ignorancia, arrogancia que fueron los que originaron en mi enfermedad.
Clávalos en tu Cruz y unge mis heridas con tu bendita sangre.

Tú que abriste los oídos a los sordos, cura y libérame del espíritu de ceguera que no me permite verte para poder alabarte y bendecirte, ni me permite ver las necesidades de mis hermanos.

Tú que sanaste a los epilépticos y a los mudos, libérame de los espíritus de epilepsia y mudez que me impiden expresarme y transmitir tu palabra con sabiduría, prudencia, claridad, afecto y firmeza.

Tú que hiciste caminar a los paralíticos, libérame del espíritu de parálisis s que me impiden moverme y me dejan postrado largo tiempo haciéndome perder la alegría y no sé dónde debo ir para cumplir tu voluntad, y no me dejan caminar para evangelizar.

Tú que resucitaste a los muertos, resucita las áreas de mi vida y de mi historia que están marchitas, agonizantes o muertas. Resucita mi matrimonio, mi trabajo, mis relaciones familiares, con mis hermanos de grupo, resucita mi corazón que murió al amor, o a mis sentimientos que mataron, o dejaron herido y no puedo amar más.

Tú que liberaste a los poseídos por el espíritu del mal, libérame de toda influencia maligna, a mi persona, a mi familia, a mi entorno, y cólmame de tu espíritu santo para que rotas las cadenas que me atan, pueda reflejar tu gloria a través de tu obra.

Tú Señor que sanaste a tus discípulos del miedo que los mantenía encerrados, libérame de toda clase de miedos, al agua, a la gente, a las multitudes, a Dios, a las alturas, a la enfermedad, al dolor, a la muerte, a la soledad a los lugares cerrados. Libérame a mí y toda mi familia.

Señor tú que abriste el Mar Rojo, ábreme los caminos en mi trabajo, en mis decisiones, en las dudas que me atormentan, en la oscuridad de mi camino de fe.Libérame a mí y a toda mi familia.

Tú que entregaste la bendición a Abrahán, Jacob e Isaac, bendice hoy a toda mi generación Señor. A todos mis antepasados, a las generaciones presentes y futuras.

Libéranos de los odios, muertes, suicidios, enfermedades mentales, cualquier tipo de brujerías, magia negra, tarot, ciencias ocultas, maldiciones, etc. y de todo aquello que pudiera estar atado y que me estuviera produciendo un continuo sufrimiento, desesperación, depresión etc.

Yo renuncio en nombre de Jesucristo a todos los caminos del mal, negatividad y falta de amor.

Te pedimos que nos liberes del espíritu de blasfemia que tuvieron mis antepasados y que aún me salpican a mí y a mis generaciones futuras.

Te pido Señor que traigas a mi mente cualquier actitud negativa arraigada profundamente de dolor odio, remordimiento, desgracia, suicidio, alcoholismo malos tratos, o cualquier tipo de vicio.

Te pedimos que sean sanadas y liberadas por el misterio de tu presencia Real en la Eucaristía.

Gracias Señor. Envíanos a tus santos ángeles y arcángeles para que nos guíen a lo largo del camino a mí y a mi familia. Amén

Oración al Corazón de Jesús por un Enfermo

Dulcísimo Jesús, que dijiste:
"Yo soy la Resurrección y la Vida", que recibiendo y llevando en Ti nuestras enfermedades, curabas las dolencias de cuantos se te acercaban; a Ti acudo

para implorar de tu Divino Corazón a favor de los enfermos, suplicándote por intercesión de tu Santísima Madre, la bienaventurada siempre Virgen María, salud de los enfermos, quieras aliviar y sanar en la presente enfermedad a tu siervo *(mencionar nombre)*, si es conveniente para su bien espiritual y el de mi alma.

Señor Jesús, que al funcionario real que te decía: "Ven, Señor, antes que mi hijo muera", le respondiste: "Vete, tu hijo vive". Sánalo, Señor.

Señor Jesús, que al ciego de Jericó, que sentado junto al camino te decía en alta voz: "Jesús, Hijo de David, ten piedad de mí", le respondiste: "Recupera tu vista, tu fe te ha salvado", y al momento vio. Sánalo, Señor.

Señor Jesús, que diciendo: "Quiero, sé limpio", limpiaste al leproso, que te decía suplicante: "Señor, si quieres puedes limpiarme". Sánalo, Señor.

Señor Jesús, que libraste al mudo poseído del demonio; hablando luego con admiración a las turbas el que antes era mudo. Sánalo, Señor.

Señor Jesús, que sanaste al enfermo que llevaba treinta y ocho años de su enfermedad, junto a la

piscina de las ovejas, diciéndole: "Levántate, toma tu camilla y anda" y anduvo.
Sánalo, Señor.

Señor Jesús, que delante del hijo muerto de la viuda de Naím, enternecido, dijiste a la madre: "No llores"; y tocando el féretro, añadiste: "Joven, a ti te digo, levántate"; entregándolo luego vivo a su madre. Sánalo, Señor.

Señor Jesús, que dijiste: "Bienaventurados los que lloran porque ellos serán consolados". Sánalo, Señor.

Señor Jesús, que dijiste: "En verdad, en verdad te digo, que todo cuanto pidieras al Padre, en mi Nombre, te lo dará".
Sánalo, Señor.

Omnipotente y sempiterno Dios, eterna salud de los que creen, escúchanos en bien de tus siervos enfermos, por quienes imploramos el auxilio de tu Misericordia; a fin de que recobrada la salud, te den en tu Iglesia ferviente acción de gracias.
Por Cristo Nuestro Señor. Así sea.

Capítulo Siete
Oraciones de Petición

Padre Nuestro

Padre nuestro, que estás en el Cielo,
santificado sea Tu nombre,
venga a nosotros Tu Reino,
hágase Tu Voluntad,
así en la tierra como en el cielo.
Danos hoy nuestro pan de cada día,
perdona nuestras ofensas
como también nosotros perdonamos
a los que nos ofenden,
no nos dejes caer en tentación
y líbranos del mal.
Amén.

Ave María

Dios te salve María,
llena eres de Gracia,
El Señor es contigo,
bendita Tú eres entre todas las mujeres,
y bendito es el fruto de tu vientre, Jesús.
Santa María Madre de Dios,
ruega por nosotros los pecadores,
ahora y en la hora de nuestra muerte.
Amén.

Oración por los Antepasados

Padre Dios, en nombre de Jesús, te pido que por los méritos y virtudes de Tus Santas Llagas, sean lavados por Tu Sangre todos los efectos, causas, consecuencias y atributos de las faltas de mis antepasados que no fueron reparadas y que todavía pesan sobre mí en forma de debilidades o tendencias hacia esos mismos errores y pecados.

Te pido perdón en su nombre por haberse burlado o renegado de los sacramentos de la Santa Iglesia, siendo bautizados, o por insultos y negaciones hechos a Tu Santa Trinidad, te pido perdón por toda infidelidad y desconfianza hacia ti.
Pido perdón en su nombre por los daños que mis antepasados causaron a la familia, al matrimonio, a la sociedad, a Tu creación.

En nombre de Jesús, te ruego que Tu amor repare las injusticias que cometieron en contra de todas las personas, instituciones, pueblos o naciones y en sus descendientes.

Que por intercesión de la Inmaculada Concepción de María nos concedas la sanación a partir del instante de nuestra concepción, la de mis antepasados y la de mi descendencia.

Que Tu Espíritu Santo me inspire todos los días de mi vida para hacer obras de caridad y servicio.

Pido que Tu Misericordia alcance a los que ya han muerto, para que descansen en paz junto a ti y para los que aún vivan, tu Espíritu Santo los convenza de sus errores dándoles la gracia del arrepentimiento.Amén, amén, amén.

Oración y Novena a Nuestra Señora Desatanudos

Oración

Santa María desatadora de nudosSanta María, llena de la presencia de Dios, durante los días de tu vida aceptaste contoda humildad la voluntad del Padre, y el Maligno nunca fue capaz de enredarte con sus confusiones.
Ya junto a tu Hijo intercediste por nuestras dificultades y, con toda sencillez y paciencia, nos diste ejemplo de cómo desenredar la madeja de nuestras vidas.
Y al quedarte para siempre comoMadre Nuestra, pones en orden y haces masclaros los lazos que nos

unen al Señor. Santa María, Madre de Dios y Madre Nuestra, Tú que con corazón materno desatas losnudos que entorpecen nuestra vida, te pedimos que nos recibas en tus manosy que nos libres de las ataduras y confusionescon que nos hostiga el que es nuestro enemigo.

Por tu gracia, por tu intercesión, con tu ejemplo, líbranos de todo mal, Señora Nuestray desata los nudos, que impiden nos unamos a Dios, para que libres de toda confusión y error, los hallemos en todas las cosas, tengamos en Él puestos nuestros corazones y podamos servirlesiempre en nuestros hermanos. Amén.

Novena a María "La Que Desata los Nudos"

Cada día:
La Señal de la Cruz y el Acto de Contrición para que Dios nos purifique el corazón.

Pésame Dios mío y me arrepiento de todo corazón de haberte ofendido. Pésame por el infierno que merecí y por el cielo que perdí; pero mucho más me pesa porque pecando ofendí un Dios tan bueno y tan grande como tu; antes querría haber muerto que haberle ofendido, y propongo firmemente ayudado por tu divina gracia, no pecar más y evitar las ocasiones próximas de pecado. Amen.

Oración inicial: Santísima Virgen María, "la que desata los nudos", te ofrezco esta novena pidiéndote por las siguientes intenciones: *(aquí se dicen y recuerdan los favores que se quieren alcanzar)*.

Primer Día:
"Ella dará a luz un hijo, a quien pondrás el nombre de Jesús, porque el salvara a su pueblo de todos sus pecados". (Mateo 1, 21)
Breve reflexión: Jesús es el gran desatador de nuestros pecados (nudos); pero también la Virgen María es la que le dio su carne y su sangre para que hecho hombre pudiera salvarnos del pecado y de la muerte. Dios se valió de una mujer para salvarnos; también se quiere valer de nosotros, como instrumentos para que su Hijo Jesús nos siga salvando. *(Breve meditación: Luego se reza una decena del Santo Rosario: Padre Nuestro, Diez Ave María y Gloria y la oración a Nuestra Señora "la que desata los nudos")*.
Segundo Día:
"El ángel le respondió; El Espíritu Santo descenderá sobre ti y el poder del Altísimo te cubrirá con su sombra. Por eso el niño será Santo y será llamado Hijo de Dios". (Lucas 1, 21)
Breve reflexión: Es Dios, Espíritu Santo, el que fecundo el vientre purísimo de María para que su Hijo, Nuestro Señor Jesucristo, naciera como hombre. Debido al pecado original es que no

tenemos la posibilidad de nacer santos; pero desde el mismo momento en el que somos bautizados, acto por el cual se nos libra del pecado original, nuestro objetivo debe y tiene que ser el alcanzar la santidad, es decir, estar junto a Jesús en la vida eterna. *(Breve meditación: Luego se reza una decena del Santo Rosario: Padre Nuestro, diez Ave María y Gloria y la oración a Nuestra Señora "la que desata los nudos").*

Tercer Día:

"María dijo entonces: yo soy la servidora del Señor, que se cumpla en mí lo que has dicho. Y el ángel se alejó". (Lucas 1, 38)

Breve reflexión: Debemos tratar de imitar la actitud de servicio de María. Es necesario que estemos con aquellas personas que tienen la necesidad de la Palabra de Dios, la que puede ser transmitida también con los pequeños actos buenos que realizamos cotidianamente. *(Breve meditación: Luego se reza una decena del Santo Rosario: Padre Nuestro, diez Ave María y Gloria y la oración a Nuestra Señora "la que desata los nudos").*

Cuarto Día:

"Vayamos a Belén y veamos lo que ha sucedido... fueron rápidamente y encontraron a María y al recién nacido acostado en el pesebre. Al verlo contaron lo que había oído decir de este niño.

Mientras tanto, María conservaba estas cosas y las meditaba en su corazón". (Lucas 2, 15-19)

Breve reflexión: Es nuestra misión como cristianos y como miembros de una misma Iglesia, el difundir a todo el mundo la Buena Noticia del nacimiento de Nuestro Señor Jesucristo. Para esto debemos alimentarnos permanentemente de su palabra en la Santa Misa y, al igual que María, guardarla y meditarla en nuestro corazón. *(Breve meditación: Luego se reza una decena del Santo Rosario: Padre Nuestro, diez Ave María y Gloria y la oración a Nuestra Señora "La que desata los nudos").*

Quinto Día:

"Su padre y su madre estaban admirados por lo que oían decir de Jesús. El anciano Simeón, después de bendecirlos, dijo a María, la madre: 'Este niño será causa de caída y elevación para muchos en Israel; será signo de contradicción, y a ti mismo una espada te atravesara el corazón'".

Breve reflexión: Desde niño, Jesús cumplió con la misión encomendada por su Padre celestial, que fue la de transmitir su palabra. Sin embargo, no siempre fue entendido y aceptado dicho mensaje, lo cual derivo en su muerte. Pidámosle a Cristo, por intersección de María, que nos llene de valor para cambiar aquellas cosas que es posible cambiar y serenidad para soportar las que no podemos cambiar. *(Breve meditación: Luego se reza una decena del Santo Rosario: Padre Nuestro, diez Ave María y Gloria y la oración a Nuestra Señora "la que desata los nudos").*

Sexto Día:

"Jesús le respondió: Mujer, ¿qué tenemos que ver nosotros? Mi hora no ha llegado todavía. Pero su madre dijo a los sirvientes: Hagan todo lo que Él les diga". (Juan 2, 4-5)

Breve reflexión: María, siendo Madre de Cristo, siempre hizo lo que Él le dijo. Imitemos permanentemente su obediencia a la voluntad de Dios y escuchémoslo día a día desde el Evangelio donde Jesús nos dice que quiere que hagamos.

(Breve meditación: Luego se reza una decena del Santo Rosario: Padre Nuestro, diez Ave María y Gloria y la oración a Nuestra Señora "La que desata los nudos").

Séptimo Día:

"Pidan y se les dará, busquen y encontraran, llamen y se les abrirá. Porque todo el que pide recibe, el que busca encuentra; y al que llame se le abrirá". (Mateo 7, 7-8)

Breve reflexión: La única manera de entablar un diálogo con Cristo o con María es a través de la oración. La oración hecha con fe es el arma más poderosa para luchar contra las confusiones con que nos hostiga el que es nuestro enemigo. No olvidemos que Dios nos escucha siempre, pero a veces no nos da lo que pedimos sino lo que verdaderamente necesitamos. *(Breve meditación: Luego se reza una decena del Santo Rosario: Padre Nuestro, diez Ave María y Gloria y la oración a Nuestra Señora "La que desata los nudos").*

Octavo Día:
"Al ver a la madre y cerca de ella al discípulo a quien Él amaba, Jesús le dijo: 'Mujer aquí tienes a tu hijo'. Luego dijo al discípulo: 'Aquí tienes a tu madre', y desde aquel momento, el discípulo la recibió en su casa". (Juan 19, 26-27)
Breve reflexión: Tanto es el amor que nos tiene Jesús, que antes de morir nos dejó a María, su propia madre, para que nos cuidara y nos guiara por el camino que Dios preparó para cada uno de nosotros. *(Breve meditación: Luego se reza una decena del Santo Rosario: Padre Nuestro, diez Ave María y Gloria y la oración a Nuestra Señora "La que desata los nudos").*

Noveno Día:
"Los apóstoles, íntimamente unidos, se dedicaban a la oración en compañía de algunas mujeres, de María, la madre de Jesús... y al llegar el día de Pentecostés, todos quedaron llenos del Espíritu Santo". (Hechos 1, 14 y 2, 1.4)
Breve reflexión:El Padre nos envía en la fiesta de Pentecostés al Espíritu Santo para que obtengamos

la fuerza necesaria para poder transmitir su mensaje. Esa fuerza nos es dada especialmente en el sacramento de la Confirmación junto con sus siete dones y también cada vez que lo pedimos humilde y confiadamente en la oración. *(Breve meditación. Luego se reza una decena del Santo Rosario: Padre Nuestro, diez Ave María y Gloria y la oración a Nuestra Señora "La que desata los nudos").*

Oración de Consagración a María

Señora y Madre mía, Virgen Santa María, la que desata los nudos; a tus pies me encuentro para consagrarme a ti. Con filial afecto te ofrezco en este día cuanto soy y cuanto tengo: mis ojos, para mirarte; mis oídos, para escucharte; mi voz, para cantar tus alabanzas; mi vida, para servirte; mi corazón, para amarte.

Acepta, Madre mía el ofrecimiento que te hago y colócame junto a tu corazón inmaculado. Ya que soy todo tuyo, Madre de misericordia, la que desata los nudos que aprisionan nuestro pobre corazón, guárdame y protégeme como posesión tuya.

No permitas que me deje seducir por el maligno, ni que mi corazón quede enredado en sus engaños. Enséñame a aceptar los límites de mi condición humana, sin olvidar que puedo superarme con la ayuda de la gracia y que agradezca siempre a Dios por mi existencia. Ilumíname para que no deseche al Creador por las criaturas, ni me aparte del camino que Él pensó para mí. Amén.

ORACIÓN AL SEÑOR POR INTERCESIÓN DE SAN PÍO DE PIETRELCINA

Oh Dios,
que a San Pío de Pietrelcina,
sacerdote capuchino,
le has concedido
el insigne privilegio
de participar, de modo admirable,
de la pasión de tu Hijo:
concédeme,
por su intercesión,
La gracia de.......
que ardientemente deseo
y otórgame, sobre todo,
que yo me conforme
a la muerte de Jesús
para alcanzar después
la gloria de la resurrección.

Gloria al Padre..... (3 veces)

Capítulo Ocho
Oraciones de Alabanza

Oración de Bendición

Nuestro Señor Jesucristo que nos amó con un amor tan desmedidamente grande y que fue puesto sobre la Cruz de madera y condenado a la muerte más amarga: lave y bendiga tu alma con Su Sangre preciosa, en recuerdo del sufrimiento con el que pagó por ti, a fin de que tu amor arda para él.

Que ese poderoso fuego de amor consuma todos tus pecados y te conceda reposar sobre Su Bendito Brazo, donde todos los santos reposan. En el nombre del Padre, del Hijo y del Espíritu Santo.

Bendíceme Señor,

Padre Celestial, Dios Todopoderoso.
Con humildad vengo ante tu Presencia. ¡Que gozo tan grande es venir ante Ti!
Te doy gracias y te alabo por tu Majestad Infinita, tu Omnipotencia y tus Perfecciones.
Por favor perdóname todos mis pecados.
Señor, vengo ante Ti en mi nadaísmo.
Quiero adorarte, quiero amarte con todo mi corazón, con toda mi mente, con toda mi alma y con toda mi fortaleza.

Quiero arder con deseo de Ti como un ángel.

Te necesito mi Señor, no soy nada sin Ti.

Te pido que me levantes ante tu Gloria.

Brilla tu luz sobre mí, permíteme caminar contigo y hacer siempre tu santa voluntad, protégeme y bendíceme Oh Señor Misericordioso.

Lléname con tu Espíritu Santo, concédeme Paz, Amor y Gozo. Sáname.

Capítulo Nueve
Oraciones en Acción de Gracias

Oración en Acción de Gracias
(P. Emiliano Tardif)

Padre de bondad, te bendigo y te alabo y te doy gracias porque por tu amor nos diste a tu hijo Jesús. Gracias Padre porque a la luz del Espíritu comprendemos que Él es la luz, la verdad y el buen pastor que ha venido para que tengamos viday la tengamos en abundancia.

Hoy, Padre, me quiero presentar delante de ti, como tu hijo. Tú me conoces por mi nombre pon tus ojos de Padre amoroso en mi vida. Tú conoces mi corazón y conoces las heridas de mi historia, Tú conoces todo lo que he querido hacer y no he hecho.

Conoces también lo que hice o me hicieron lastimándome. Tú conoces mis limitaciones, mis errores y mis pecados conoces los traumas y complejos de mi vida.

Hoy, Padre, te pido que por el amor que le tienes a tu hijo Jesucristo, derrames tu santo espíritu sobre mí, para que el calor de tu amor sanador penetre en lo más íntimo de mi corazón.

Tú que sanas los corazones destrozados y vendas las heridas, sáname aquí y ahora de mi alma, mi mente, mi memoria y todo mi interior. Entra en mi Señor Jesús, como entraste en aquella casa donde estaban tus discípulos llenos de miedo.

Tú que apareciste en medio de ellos y les dijiste: "Paz a vosotros", entra en mi corazón y dame tu paz. Lléname de tu amor; sabemos que el amor hecha fuera el temor.

Pasa por mi vida y sana mi corazón. Sabemos, Señor Jesús, que tú lo haces siempre que te lo pedimosy te lo estoy pidiendo con María, mi Madre, la que estaba en las bodas de Caná cuando no había vino y tu respondiste a su deseo, transformando el agua en vino. Cambia mi corazón y dame un corazón generoso, un corazón afable, un corazón bondadoso, dame un corazón nuevo.

Has brotar en mi los frutos de tu presencia. Dame el fruto de tu Espíritu que es amor, paz, alegría. Haz que venga sobre mí el Espíritu de las bienaventuranzas, para que pueda saborear y buscar a Dios cada día, viviendo sin complejos ni traumas junto a los demás, junto a mi familia, junto a mis hermanos.

Te doy gracias Padre, por lo que estás haciendo hoy en mi vida. Te doy gracias de todo corazón porque tú me sanas, porque tú me liberas, porque tú rompes las cadenas y me das la libertad. Gracias, Señor Jesús, porque soy templo de tú Espíritu y ese templo no se puede destruir porque es la casa de Dios. Te doy gracias Espíritu Santo por la fe, gracias por el amor que has puesto en mi corazón, ¡qué grande eres Señor Dios Trino y Uno!Bendito y alabado seas, Señor.

Oraciones diarias y periódicas

ORACIONES DE LA MAÑANA

Levántate con prontitud venciendo la pereza. Saluda al Señor y ofrécele el nuevo día. Es también una buena ocasión para saludar y ofrecer tu día a Nuestra Señora, la Virgen María, que es tu Madre del cielo.

Ofrecimiento de Obras

En el nombre del Padre y del Hijo y del Espíritu Santo, Amén.
Te doy gracias, Dios mío, por haberme creado, redimido, hecho cristiano y conservado la vida. Te ofrezco mis pensamientos, palabras y obras de este día. No permitas que te ofenda y dame fortaleza para huir de las ocasiones de pecado. Haz que crezca mi amor hacia Ti y hacia los demás.

Ofrecimiento de sí mismo

Toma, Señor, y recibe toda mi libertad, mi memoria, mi entendimiento toda mi voluntad; todo mi haber y mi poseer. Tú me lo diste; a Ti, Señor, lo torno; todo es tuyo, dispone a toda tu voluntad. Dame tu amor y gracia, que esto me basta.

A la Santísima Virgen

¡Oh, Señora mía! ¡Oh Madre mía! Yo me ofrezco enteramente a Ti, y en prueba de mi filial afecto te consagro en este día mis ojos, mis oídos, mi lengua, mi corazón; en una palabra, todo mi ser. Ya que soy todo tuyo, Madre de bondad, guárdame y defiéndeme como cosa y posesión tuya. Amén.

Al Ángel de la Guarda

Ángel de Dios, bajo cuya custodia me puso el Señor con amorosa piedad, a mí que soy tu encomendado, alúmbrame hoy, guárdame, rígeme y gobiérname.
Amén

Ofrecimiento de tu Trabajo

Es bueno que antes de ponerte a trabajar le digas al Señor una oración como ésta:

Te ofrezco, Señor, mi trabajo. Ayúdame a hacerlo bien, por amor a Ti y a los demás. Santa María, Ángel de mi Guarda, intercede por mí.

Oraciones de Siempre

Dios siempre está a mí lado, más aún, cuando estoy en gracia Dios está dentro de mí: en mi corazón. Por eso, mi trato con Él debe ser frecuente y confiado, íntimo y cordial, como el de un hijo con su Padre. La oración es un medio único que tengo para tratarle, para hacerme amigo suyo, para llegar a ser santo, que es lo que Él quiere de mí. Aquí tienes las oraciones más frecuentes y conocidas con las que han hablado con Dios y su Santísima Madre millones de cristianos de todos los tiempos. Rézalas siempre con fe y amor.

La Señal de la Santa Cruz

Es la señal del cristiano. En la Cruz murió Jesús para salvar a los hombres de sus pecados.
Por la señal + de la santa Cruz de nuestros + enemigos líbranos Señor, + Dios nuestro. En el

nombre del Padre, y del Hijo + y del Espíritu Santo. Amén.

El Padre Nuestro

Jesús mismo nos enseñó esta oración. Es la oración de los hijos de Dios.

Padre nuestro, que estás en los cielos, santificado sea tu nombre; venga a nosotros tu Reino; hágase tu voluntad, así en la tierra como en el cielo. Danos hoy nuestro pan de cada día, perdona nuestras ofensas como también nosotros perdonamos a los que nos ofenden, no nos dejes caer en tentación, y líbranos del mal. Amén

El Ave María

En ella repetimos muchas veces las palabras del Ángel y de Santa Isabel a la Virgen y también las súplicas que le han dirigido desde siempre los buenos hijos de la Iglesia.

Dios te salve, María, llena eres de gracia; el Señor es contigo, bendita Tú eres entre todas las mujeres, y bendito es el fruto de tu vientre, Jesús.

Santa María, Madre de Dios, ruega por nosostros, pecadores, ahora y en la hora de nuestra muerte. Amén.

El Gloria

Es un canto de alabanza a la Santísima Trinidad.
Gloria al Padre y al Hijo y al Espíritu Santo. Como era en el principio, ahora y siempre, por los siglos de los siglos. Amén.

El Credo (de los Apóstoles)

Es el resumen de todo lo que Dios mi Padre ha revelado a los hombres y que yo ahora confieso porque soy hijo de Dios.

Creo en Dios Padre todopoderoso, creador del cielo y de la tierra. Creo en Jesucristo, su único Hijo, nuestro Señor; que fue concebido por obra y gracia del Espíritu Santo, nació de Santa María Virgen; padeció bajo el poder de. Poncio Pilato, fue crucificado, muerto y sepultado; descendió a los infiernos, al tercer día resucitó de entre los muertos. Subió a los cielos y está sentado a la derecha de Dios Padre; desde allí ha de venir a juzgar a los vivos y a los muertos. Creo en el Espíritu Santo; la Santa Iglesia Católica, la Comunión de los Santos; el perdón de los pecados, la resurrección de los muertos; y la vida eterna. Amén.

La Salve

Una súplica confiada a mi Madre del cielo, la Virgen Santísima, Reina del Universo y Madre también de todos los cristianos.

Dios te salve, Reina y Madre de misericordia, vida, dulzura y esperanza nuestra; Dios te salve. A Ti llamamos los desterrados hijos de Eva; a Ti suspiramos, gimiendo y llorando en este valle de lágrimas. Ea, pues, Señora, abogada nuestra, vuelve a nosotros esos tus ojos misericordiosos; y después de este destierro, muéstranos a Jesús, fruto bendito de tu vientre. ¡Oh clementísima, oh piadosa, oh dulce siempre Virgen María! Ruega por nosotros, Santa Madre de Dios, para que seamos dignos de alcanzar las promesas de Nuestro Señor Jesucristo. Amén

Bendita Sea Tu Pureza

Pídele muchas veces a la Virgen la pureza de pensamientos palabras y obras en tu vida.

Bendita sea tu pureza, y eternamente lo sea, pues todo un Dios se recrea en tan graciosa belleza. A Ti celestial Princesa, Virgen Sagrada, María, te ofrezco desde este día, alma, vida y corazón. Mírame con compasión. No me dejes, Madre mía.

Oración por la Propia Familia

Señor Jesús:
Que viviste en familia con María y José. Hoy quiero pedirte por mi familia, para que te hagas presente en ella y seas su Señor y Salvador.
Bendice a mis seres queridos con tu poder infinito.
Protégelos de todo mal y de todo peligro.
No permitas que nada ni nadie les haga daño y dales salud en el cuerpo y en el alma.
(se pide la gracia que se desea alcanzar para la propia familia)
Te necesitamos, Jesús, entre nosotros.
Llena nuestro hogar de tu paz, de tu alegría, de tu cariño.
Derrama tu amor para que sepamos dialogar, entendernos, ayudarnos, para que aprendamos a acompañarnos y a sostenernos en el duro camino de la vida.
Danos pan y trabajo. Enséñanos a cuidar lo que tenemos y a compartirlo con los demás.

Tómame a mí como instrumento, Jesús, para que llegue a los míos tu luz y tu poder, para que te conozcan y te amen cada día más.
Dame la palabra justa en el momento oportuno, y enséñame lo que tengo que hacer por ellos en cada momento.
También quiero darte gracias, Jesús, por mis seres queridos,
por los momentos lindos que pasamos, y por las cosas buenas que tenemos.
María, madre buena, tu presencia también nos hace falta. No nos dejes faltar tu ternura y tu protección.
Jesús, José y María, preciosa comunidad de Nazaret, ayúdennos a vivir en familia.
Amén.

El Acto de Contrición

Es un modo de decirle al Señor que estamos arrepentidos de haber pecado, de haberle ofendido con nuestros pensamientos, palabras y obras. Será bueno que te lo aprendas de memoria.

¡Señor mío Jesucristo! , Dios y Hombre verdadero, Creador, Padre y Redentor mío; por ser Tú quién eres, Bondad infinita, y porque te amo sobre todas las cosas, me pesa de todo corazón de haberte ofendido; también me pesa porque puedes castigarme con las penas del infierno. Ayudado de tu divina gracia, propongo firmemente nunca más pecar, confesarme y cumplir la penitencia que me fuera impuesta. Amén.

Yo Pecador

Al igual que la anterior oración ésta te servirá para confesar a Dios tus pecados y pedirle perdón por ellos.

Yo pecador me confieso a Dios todopoderoso, a la Bienaventurada siempre Virgen María, al bienaventurado San Miguel Arcángel, al bienaventurado San Juan Bautista, a los Santos Apóstoles Pedro y Pablo, a todos los Santos y a ti, Padre, que pequé gravemente con el pensamiento, palabra, obra y omisión, por mi culpa, por mi culpa, por mi gravísima culpa; por tanto ruego a la Bienaventurada siempre Virgen María, al bienaventurado San Miguel Arcángel, al bienaventurado San Juan Bautista, a los Santos Apóstoles Pedro y Pablo, a todos los Santos y a ti, Padre, que roguéis por mí a Dios Nuestro Señor.

El Acordaos (Memorare)

Es una oración que le dirigimos a Nuestra Señora, con la confianza que nos da el saber que es nuestra Madre, que nos oye siempre con cariño.

Acuérdate, ¡oh piadosísima Virgen María! que jamás se ha oído decir que ninguno de los que han acudido a tu protección, implorado tu asistencia y reclamado tu socorro haya sido abandonado de Ti. Animado con esta confianza a Ti también acudo. ¡Oh Madre, Virgen de las vírgenes! y aunque gimiendo bajo el peso de mis pecados, me atrevo a comparecer ante tu presencia soberana. ¡Oh Madre de Dios!, No deseches, mis humildes súplicas, antes bien, escúchalas y acógelas benignamente. Amén.

Actos de Fe, Esperanza y Caridad

Para afianzar tu fe, tu esperanza y tu caridad, trata con frecuencia a cada una de las tres divinas Personas de la Santísima Trinidad. Estos actos te pueden ayudar a hacerlo.

- Creo en Dios Padre; creo en Dios Hijo; creo en Dios Espíritu Santo; creo en la Santísima

Trinidad; creo en mi Señor Jesucristo, Dios y Hombre verdadero.

- Espero en Dios Padre; espero en Dios Hijo; espero en Dios Espíritu Santo, espero en la Santísima Trinidad; espero en mi Señor Jesucristo, Dios y Hombre verdadero.
- Amo a Dios Padre; amo a Dios Hijo; amo a Dios Espíritu Santo; amo a la Santísima Trinidad; amo a mi Señor Jesucristo, Dios y Hombre verdadero; amo a María Santísima, Madre de Dios y Madre nuestra y amo a mi prójimo como a mí mismo.

Oraciones jaculatorias

Son oraciones breves, encendidas de amor y de cariño, que le dirigimos al Señor, a la Virgen Santísima, a los Santos, para mejor mantenernos en la presencia de Dios a lo largo del día.

- Corazón Sacratísimo de Jesús, ten misericordia de nosotros.
- Señor, Tú lo sabes todo, Tu sabes que te amo.
- Jesús, yo creo, pero aumenta mi fe.
- Santa María, Madre del Amor Hermoso, ayuda a tus hijos.
- Corazón dulcísimo de María, prepáranos un camino seguro.

- San José mi Padre y Señor, enséñame a querer más cada día a Jesús y a María.

Oraciones Para Comenzar Actividades

Ven, Espíritu Santo,
Llena los corazones de tus fieles
y enciende en ellos
el fuego de tu amor.
Envía, Señor, tu Espíritu.
Que renueve la faz de la Tierra.

Oración:
Oh Dios, que llenaste los corazones de tus fieles con la luz del Espíritu Santo; concédenos que, guiados por el mismo Espíritu, sintamos con rectitud y gocemos siempre de tu consuelo.
Por Jesucristo Nuestro Señor.
Amén.

Dios te salve, María…
Gloria al Padre…

ORACIONES DE MEDIO DÍA

Ángelus

Es una costumbre muy antigua rezar a las doce el Ángelus. En esta oración los cristianos le recordamos a la Virgen María uno de los momentos más grandes de su vida: que iba a ser Madre de Dios, y lo hacemos con las mismas palabras que le dirigió el Arcángel San Gabriel.

V. El ángel del Señor anunció a María;
R. Y concibió por obra del Espíritu Santo. *Dios te salve María...*

V. He aquí la esclava del Señor.
R. Hágase en mí según tu palabra. *Dios te salve María...*

V. Y el Hijo de Dios se hizo Hombre;
R. Y habitó entre nosotros. Dios re salve María...

V. Ruega por nosotros, Santa Madre de Dios.
R. Para que seamos dignos de alcanzar las gracias y promesas de
    nuestro Señor Jesucristo.

Oremos:

Te suplicamos Señor, que derrames tu gracia en nuestras almas, para que habiendo conocido por la voz del Ángel la Encarnación de tu Hijo Jesucristo, por su Pasión y Cruz, alcancemos la gloria de su Resurrección. Por Jesucristo Nuestro Señor.
Amén.

Regina Coeli

En Tiempo Pascual desde el Domingo de Resurrección hasta el Domingo de la Santísima Trinidad en lugar del Ángelus, y para unirnos a la alegría de la Virgen y de toda la Iglesia, rezamos el Regina Coeli.

V. Alégrate, Reina del Cielo.
R. ¡Aleluya!

V. Porque el que mereciste llevar en tu seno;
R. ¡Aleluya!

V. Ha resucitado como lo predijo:
R. ¡Aleluya!

V. Ruega por nosotros Santa Madre de Dios;
R. ¡Aleluya!

V. Gózate y alégrate, Virgen María, aleluya.

R. Porque resucito, en verdad, el Señor, aleluya.

Oremos:

¡Oh Dios! que te dignaste alegrar al mundo por la Resurrección de tu Hijo, Nuestro Señor Jesucristo: concédenos, te rogamos, que por la mediación de la Virgen María, su Madre, alcancemos los gozos de la vida eterna. Por el mismo Jesucristo, Nuestro Señor.

Amén.

Bendición de la Mesa

De nuestro Padre Dios recibimos todos los dones y beneficios, el de la comida es uno de ellos. Acostúmbrate a bendecir la mesa que es una forma de agradecérselos.

Antes de comer:

V. Bendícenos. Señor, y bendice estos alimentos, que por tu bondad vamos a tomar.

R. Amén.

V. El Rey de la Gloria nos haga partícipes de la mesa celestial.

R. Amén.

Después de comer:

V. Te damos gracias- Señor por todos tus beneficios. A Ti que vives y reinas por los siglos de los siglos.

R. Amén.

V. El Señor nos dé su paz.

R. Y la vida eterna. Amén.

Visita al Santísimo

Jesús se ha quedado con nosotros en la Sagrada Eucaristía. En las formas consagradas por el sacerdote en la Santa Misa, que se guardan en el Sagrario, está Él realmente presente con su Cuerpo, con su Sangre, con su Alma, con su Divinidad. No dejes de acudir cada día a visitar a tu gran amigo Jesús en el Sagrario. Adórale, cuéntale tus cosas, pídele que te ayude, reza.

Estación a Jesús Sacramentado

V. Viva Jesús Sacramentado.

R. Viva y de todos sea amado.

V. Padre nuestro... Ave María... Gloria al Padre...
(Tres veces)
Comunión espiritual

Yo quisiera, Señor, recibirte con aquella pureza, humildad y devoción con que te recibió tu Santísima Madre, con el espíritu y fervor de los santos.

Salve Regina (Latín)

Salve, Regina, Mater misericordiae,
vita, dulcedo et spes nostra, salve.
Ad te clamámus éxsules filii Hevae.
Ad te suspirámus, geméntes et flentes
in hac lacrimárum valle.

Eia, ergo, advocáta nostra,
illos tuos misericórdes óculos ad nos convérte.
Et Jesum, benedíctum fructum ventris tui,
nobis post hoc exsílium osténde.
0 clemens, o pia, o dulcis Virgo María.

V. Ora pro nobis, Sancta Dei Génitrix.
R. Ut digni efficiamur promissionibus Christi.

Oremus:
Omnipotens sempitérne Deus, qui gloriósae Vírginis Matris Mariae corpus et ánimam, ut dignum Fílii tui habitaculum éffici mereretur,

Spiritu Sancto cooperánte, praeparásti: da, ut cuius commemoratione laetámur: eius pia intercessióne, ab instántibus malis, et a morte perpétua libéremur. Per eúndem Christum Dominum nostrum.
R. Amén.

V. Divínum auxílium máneat semper nobíscum.
R. Amen.

Al Hacer un Rato de Oración

(Puedes emplear esta fórmula u otra cualquiera, lo importante es que te recojas y te pongas en la presencia de Dios).

Al comenzar:
Señor mío y Dios mío, creo firmemente que estás aquí presente. Te pido perdón de mis pecados y gracia para hacer este rato de oración. Madre mía Inmaculada, San José mi padre y señor, ángel de mi guarda, intercedan por mí.
Amén.

Al terminar:
Te doy gracias, Dios mío, por los buenos pensamientos y afectos que me has inspirado en esta meditación. Te pido me concedas la gracia que necesito para ponerlos en práctica, Madre mía Inmaculada, San José mi padre y señor, ángel de mi guarda, alcáncenme del señor esta gracia. Amén.

ORACIONES DE LA NOCHE

Antes de acostarte, ponte unos momentos en la presencia de Dios, tu Padre, que te ve y te oye siempre. Repasa brevemente lo que hiciste durante este día. Después le pides perdón y le das gracias por sus beneficios. Encomiéndate luego a la Virgen María, tu Madre, y a tu Ángel Custodio.

Acción de gracias

En el nombre del padre y del Hijo y del Espíritu Santo.
                         Amén.

Te doy gracias, Dios mío, por todos los beneficios que hoy me has concedido. Te pido perdón de todas las faltas que he cometido durante este día; me pesa de todo corazón haberte ofendido y propongo firmemente nunca más pecar, ayudado de tu divina gracia.

Examen de conciencia

Para con Dios.

¿Me he acordado de Dios durante este día, ofreciéndole mi trabajo, dándole gracias, acudiendo a Él con confianza de Hijo?
¿He tenido respeto humano en algún momento?
¿He rezado con pausa y atención?

Para con el prójimo.
¿He tratado con dureza o menosprecio a los demás?
¿Me he preocupado de ayudar a los que me rodean haciéndoles, además, la vida más agradable? ¿Me preocupa también su vida religiosa? ¿He hecho algún apostolado? ¿He caído en la murmuración? ¿Sé perdonar? ¿He rezado por las personas que de algún modo me preocupan?

Para contigo mismo.
¿He luchado por mi propia santificación? ¿Me he dejado llevar por sentimientos de orgullo, vanidad, sensualidad? ¿Me he esforzado por quitar mi defecto dominante? ¿He acudido a Dios para que aumente en mí todas las virtudes y especialmente la fe, esperanza y la caridad?

Acto de contrición

A la Santísima Virgen *(como en la oración de la mañana)*

Al Ángel de la Guarda *(como en la oración de la mañana)*

Último pensamiento del día

Jesús, José y María, les doy el corazón y el alma mía.
Jesús, José y María, asístanme en mi última agonía.
Jesús, José y María, en ustedes descanse en paz el alma mía.

ROSARIO

Instrucciones previas

- María promete indulgencia parcial cada vez que se rece el Rosario solo.
- Es decisión tuya si lo rezas en la mente, o lo rezas en voz alta, aunque estés solo. Dios escucha tus pensamientos y escucha tu voz.
- Puedes tener a la mano un Rosario, que es como un collar con cuentas que te ayuda a contar y avanzar mientras lo rezas, o uno corto que es como un anillo grande que tiene 10 cuentas, también sirve para ir contando.

Paso 1: Persignarse con una mano y decir la oración...

En un solo movimiento, haces 3 señales de cruz en frente, boca y pecho, con tu mano derecha:

A. Con la mano haciendo señal de cruz tocas suavemente en la frente (tocas arriba de la frente, luego tocas abajo de la frente, ahora tocas a la izquierda de la frente, por último tocas a la derecha de la frente) y mientras haces eso, vas diciendo: *"Por la señal de la Santa Cruz..."*

B. Ahora tocas con tu dedo arriba de la boca, luego tocas abajo de la boca, ahora tocas a la izquierda de la boca y terminando a la derecha de la boca, mientras haces esto ahora dices *"... de nuestro enemigos..."*

C. Ahora bajas tu mano a tu pecho y haciendo señal de cruz en tu pecho, igual empiezas tocando arriba del pecho haciendo un toque, luego tocas abajo del pecho, luego tocas a tu izquierda del pecho y luego tocas a tu derecha del pecho mientras sin parar continúas diciendo *"...líbranos señor Dios Nuestro"*.

D. Ahora te persignas diciendo *"En el nombre del Padre..."* (mientras llevas tu mano a la frente, dando un toque en ella) y ahora dices *"Y del Hijo..."* (mientras llevas tu mano al pecho y le das un toque) y ahora dices *"Y del Espíritu Santo"* (mientras ahora llevas tu mano a tu izquierda y tocas tu hombro izquierdo, y posteriormente a tu derecha y tocas tu hombro derecho), y terminas *diciendo "Amén".*

Paso 2: Di la siguiente Oración

Señor, abre mis labios y mi boca anunciará tu alabanza. Ven, ¡Oh Dios! en mi ayuda, apresúrate Señor a socorrerme.

Gloria al Padre, al Hijo y al Espírito Santo. Como era en el principio, ahora y siempre por los siglos de los siglos. Amén.

Paso 3: Nombrar el misterio que se comenzará a rezar y Meditarlo por un momento

Nota: Aunque sea lunes, el rezo del Rosario completo significa rezar los 20 misterios de todos los días de la semana. Cada quien elige si rezar el Rosario completo o si rezar el Rosario parcial de ese día de la semana.

Se dice: "[Primer, Segundo, Tercer, Cuarto, Quinto] misterio [Gozoso | Luminoso | Doloroso | Glorioso]; [El nombre del misterio]"

Por ejemplo si es lunes y se llegó al rezo de los misterios, se inicia diciendo: "Primer misterio Gozoso, La anunciación del Ángel a María y Encarnación de Jesús.

Según cada día de la semana, se reza un grupo de 5 misterios distintos.

Lunes y sábado: Gozosos

- Primer misterio: La anunciación del Ángel a María y Encarnación de Jesús.
- Segundo misterio: La visitación de nuestra Señora María a su prima Santa Isabel.
- Tercer misterio: El nacimiento del Hijo de Dios en Belén.
- Cuarto misterio: La purificación de la Virgen María y presentación de Jesús en el Templo.
- Quinto misterio: El niño perdido y hallado en el Templo.

Jueves: Luminosos
- Primer misterio: El bautismo de Jesús en el río Jordán.
- Segundo misterio: Jesús y María en las bodas de Caná.
- Tercer misterio: Jesús anuncia el Reino de Dios e invita a la conversión.
- Cuarto misterio: La Transfiguración de Jesús en el monte Tabor.
- Quinto misterio: La institución de la Eucaristía.

Martes y viernes: Dolorosos
- Primer misterio: La oración de Jesús en el huerto.
- Segundo misterio: La flagelación, los azotes a Jesús.
- Tercer misterio: Coronación de espinas a Jesús.
- Cuarto misterio: Jesús con la cruz a cuestas, camino del Calvario.
- Quinto misterio: Crucifixión y muerte de Jesús.

Miércoles y Domingos: Gloriosos
- Primer misterio: La Resurrección de Jesús.

- Segundo misterio: La Ascensión de Jesús al Cielo en Cuerpo y Alma.
- Tercer misterio: La venida del Espíritu Santo sobre los Apóstoles de Jesús.
- Cuarto misterio: La Asunción de la Virgen María al Cielo.
- Quinto misterio: La coronación de la Virgen María como reina del Cielo y de la tierra.

Paso 4: Decir las siguientes tres oraciones para el misterio nombrado

(Se reza una vez la oración llamada "Padre Nuestro" que es la siguiente:)
Padre Nuestro que estás en el cielo, Santificado sea tu Nombre, Venga a Nosotros tu Reino, hágase tu Voluntad en la Tierra como en el Cielo. Danos hoy nuestro pan de cada día. Perdona nuestras ofensas como también nosotros perdonamos a los que nos ofenden, no nos dejes caer en tentación, y líbranos del mal. Amén.

(Se reza diez veces la oración llamada "Ave María" que es la siguiente:)

Dios te salve María, llena eres de Gracia, el Señor es contigo, bendita eres entre todas las mujeres y bendito el fruto de tu vientre, Jesús. Santa María, Madre de Dios, ruega por nosotros los pecadores ahora y en la hora de nuestra muerte. Amén.

(Se reza una vez la oración llamada "Gloria" que es la siguiente:)
Gloria al Padre, al Hijo y al Espíritu Santo, como era en un principio, sea ahora y siempre, por los siglos de los siglos. Amén.

(Se reza la "Oración de Fátima" que es la siguiente:)
Oh, Jesús mío, perdona nuestros pecados, líbranos del fuego del infierno, y lleva nuestras almas al cielo, especialmente aquellos que necesitan más Tu Misericordia.

Paso 5: Decir la oración de Salve

Dios te salve, Reina y Madre de misericordia, vida, dulzura y esperanza nuestra.
Dios te salve.
A Ti clamamos los desterrados hijos de Eva,

a Ti suspiramos, gimiendo y llorando en este valle de lágrimas.

Ea, pues, Señora Abogada Nuestra,
vuelve a nosotros tus ojos misericordiosos,
y después de este destierro, muéstranos a Jesús,
fruto bendito de tu vientre.

Oh, clemente, oh piadosa, oh dulce Virgen María.

Ruega por nosotros, Santa Madre de Dios,
para que seamos dignos de alcanzar las promesas de Nuestro Señor Jesucristo.

Amén.

Paso 6: Decir las Letanías

Nota: Ya sea que se rece el Rosario de 5 misterios o de 20 misterios en una sola ocasión, se dicen una sola vez, y son súplicas que pedimos.

Señor, ten piedad.	*Señor, ten piedad*
Cristo, ten piedad.	*Cristo, ten piedad*
Señor, ten piedad.	*Señor, ten piedad*
Cristo, óyenos.	*Cristo, óyenos*
Cristo, escúchanos.	*Cristo, escúchanos*
Dios Padre celestial.	*Ten misericordia de nosotros*
Dios Hijo, Redentor del mundo.	*Ten misericordia de nosotros*

Dios Espíritu Santo.   *Ten   misericordia de nosotros*

Trinidad Santa, un solo Dios.   *Ten   misericordia de nosotros*

Santa María.   *Ruega   por nosotros*

Santa Madre de Dios.   *Ruega   por nosotros*

Santa Virgen de las vírgenes.   *Ruega   por nosotros*

Madre de Cristo.   *Ruega   por nosotros*

Madre de la divina gracia.   *Ruega por nosotros*
Madre purísima.   *Ruega por nosotros*
Madre castísima.   *Ruega por nosotros*
Madre virginal.   *Ruega por nosotros*
Madre sin corrupción.   *Ruega por nosotros*
Madre Inmaculada.   *Ruega por nosotros*
Madre amable.   *Ruega por nosotros*
Madre admirable.   *Ruega por nosotros*
Madre del buen consejo.   *Ruega por nosotros*
Madre del Creador.   *Ruega por nosotros*
Madre del Salvador.   *Ruega por nosotros*
Madre de la Iglesia.   *Ruega por nosotros*
Virgen prudentísima. *Ruega por nosotros*
Virgen digna de veneración.   *Ruega   por nosotros*

Virgen digna de alabanza.   *Ruega   por nosotros*

Virgen poderosa.   *Ruega por nosotros*

Virgen clemente. *Ruega por nosotros*

Virgen fiel. *Ruega por nosotros*

Espejo de justicia. *Ruega por nosotros*

Trono de sabiduría. *Ruega por nosotros*

Causa de nuestra alegría. *Ruega por nosotros*

Vaso espiritual. *Ruega por nosotros*

Vaso digno de honor. *Ruega por nosotros*

Vaso insigne de devoción. *Ruega por nosotros*

Rosa mística. *Ruega por nosotros*

Torre de David. *Ruega por nosotros*

Torre de marfil. *Ruega por nosotros*

Casa de oro. *Ruega por nosotros*

Arca de la alianza. *Ruega por nosotros*

Puerta del cielo. *Ruega por nosotros*

Estrella de la mañana. *Ruega por nosotros*

Salud de los enfermos. *Ruega por nosotros*

Refugio de los pecadores. *Ruega por nosotros*

Consuelo de los afligidos. *Ruega por nosotros*

Auxilio de los cristianos. *Ruega por nosotros*

Reina de los ángeles. *Ruega por nosotros*

Reina de los patriarcas. *Ruega por nosotros*

Reina de los profetas. *Ruega por nosotros*

Reina de los apóstoles. *Ruega por nosotros*

Reina de los mártires. *Ruega por nosotros*

Reina de los confesores. *Ruega por nosotros*

Reina de las vírgenes. *Ruega por nosotros*

Reina de todos los santos. *Ruega por nosotros*

Reina concebida sin pecado original. *Ruega por nosotros*

Reina elevada al cielo. *Ruega por nosotros*

Reina del santo rosario. *Ruega por nosotros*

Reina de la familia. *Ruega por nosotros*

Reina de la paz. *Ruega por nosotros*

Cordero de Dios, que quitas el pecado del mundo. *Perdónanos, Señor.*

Cordero de Dios, que quitas el pecado del mundo. *Escúchanos, Señor.*

Cordero de Dios, que quitas el pecado del mundo. *Ten misericordia de nosotros.*

Paso 7: Decir las oraciones finales

Ruega por nosotros, Santa Madre de Dios. Para que seamos dignos de alcanzar las promesas de Cristo.

Bajo tu amparo nos acogemos Santa Madre de Dios, no desprecies nuestras súplicas que dirigimos ante nuestras necesidades, antes bien, líbranos de todo peligro Virgen Gloriosa y Bendita, Ruega por Nosotros Santa Madre de Dios, para que seamos dignos de alcanzar las promesas y divinas gracias de nuestro Señor, Jesucristo. Amén.

Te rogamos Señor que derrames tu gracia en nuestras almas, para los que por el anuncio del Ángel hemos conocido la Encarnación de tu hijo Jesucristo, por su pasión, y su cruz, seamos llevados a la gloria de la resurrección, por el mismo Cristo, nuestro Señor, Amén.

Ave María Purísima.
Sin pecado concebida.

Paso 8: Rezar por las intenciones del Papa

Nota: Nuestro Papa Francisco I nos sugiere rezar por el Papa, Cardenales, Obispos y Sacerdotes, por nuestros líderes de comunidad y líderes políticos, nuestros más cercanos, y en último lugar nosotros mismos, se rezan 3 Aves Marías.

(Tres veces el Ave María)

Dios te salve María, llena eres de Gracia, el Señor es contigo, bendita eres entre todas las mujeres y bendito el fruto de tu vientre, Jesús. Santa María, Madre de Dios, ruega por nosotros los pecadores ahora y en la hora de nuestra muerte. Amén.

Como rezar el Vía Crucis

Inicia, como todas las oraciones cristianas, con la Señal de la Cruz; se hace un acto de contrición y una invocación a Jesús ofreciendo el ejercicio.

Se menciona cada estación, de acuerdo a lo relatado en los evangelios. En cada una hay una invocación, reconociéndonos pecadores e implorando el perdón; sigue la lectura de una cita bíblica; después una reflexión para meditar en cada momento y una súplica para nuestra vida diaria. Se hace una aclamación alabando a Jesús por su Sacrificio y se reza un Padre Nuestro, una Ave María y un Gloria, mientras caminamos hacia la estación siguiente. Puede incluirse algún breve canto de perdón y arrepentimiento entre cada estación.

Se inicia de rodillas: "Por la señal de la Santa Cruz, de nuestro enemigos, líbranos Señor, Dios nuestro. En el nombre del Padre y del Hijo y del Espíritu Santo".

Acto de Contrición:
Jesucristo, mi Dios y mi Salvador: yo me arrepiento de corazón de todos los pecados que he cometido, porque con ellos ofendí a un Dios tan bueno. Propongo firmemente no volver a pecar. Confío en que me perdonarás mis culpas y me llevarás a la vida eterna, porque eres bueno. Amén.

Ofrecimiento: ¡Dulcísimo Jesús mío, que por mi amor quisiste caminar fatigado y afligido con el pesado madero de la cruz! En memoria y reverencia de lo que por mí padeciste en aquél áspero camino, te ofrezco los pasos que ahora daré, unidos a tus infinitos merecimientos, con la atención de ganar todas las indulgencias que los Romanos Pontífices han concedido a los que hacen con devoción este santo ejercicio. Para este fin te suplico y ruego por el remedio de las graves necesidades encomendadas por los Sumos Pontífices y aplico cuantas indulgencias ganaré por las benditas almas del Purgatorio que fueren de tu agrado y de mi mayor obligación. Dame, Señor, tu divina gracia, para que cuanto en este santo ejercicio medite o rece, sea grato a tus divinos ojos. Así sea.

Primera Estación: Jesús es condenado a muerte

Señor, pequé, ten misericordia de mí. Te adoramos Cristo y te bendecimos, porque con tu Santa Cruz redimiste al mundo y a mí pecador. Amén.

"Pilato mandó sacar a Jesús y dijo a los judíos: 'Aquí tenéis a vuestro rey'. Pero ellos le gritaban: '¡Fuera, fuera, crucifícalo!' Pilato le dice: '¿Pero cómo he de crucificar a vuestro rey?' respondieron los príncipes de los sacerdotes: 'Nosotros no tenemos más rey que el César'. Entonces se los entregó para que fuera crucificado" (Jn 19, 14-16)

Considera alma mía, cómo en la casa de Pilatos fue cruelmente azotado el redentor del mundo, coronado de espinas y sentenciado a muerte. Señor, que el recordar la condena injusta que tú sufriste, nos cuidemos de no condenar a los demás.

¡Bendita y alabada sea la pasión y muerte de Nuestro Señor Jesucristo y los dolores de su Santísima Madre al pie de la Cruz. Así sea!

Padre Nuestro, Ave María y Gloria.

Segunda Estación: Jesús con la cruz a cuestas

Señor, pequé, ten misericordia de mí. Te adoramos Cristo y te bendecimos, porque con tu Santa Cruz redimiste al mundo y a mí pecador. Amén.

"Los judíos tomaron a Jesús y cargándole la cruz, salió hacia el lugar llamado Calvario" (Jn 19,17).

Considera alma mía, cómo a nuestro amado Jesús le pusieron en sus lastimados hombros el gran peso de la cruz. Señor, concédenos, para hacernos dignos de ti, el saber aceptar nuestra cruz con amor.

¡Bendita y alabada sea la pasión y muerte de Nuestro Señor Jesucristo y los dolores de su Santísima Madre al pie de la Cruz. Así sea!
Padre Nuestro, Ave María y Gloria.

Tercera Estación: Jesús cae por primera vez

Señor, pequé, ten misericordia de mí. Te adoramos Cristo y te bendecimos, porque con tu Santa Cruz redimiste al mundo y a mí pecador. Amén.
"Han ofrecido mi espalda a los que me golpeaban, y mis mejillas a los que me arrancaban la barba; no aparté la cara ni de los ultrajes ni de las salivas que me echaban" (Is 50,6)
Considera alma mía, como caminando el Señor con la cruz a cuestas, herido y desangrado, cayó en tierra debajo de la Santa Cruz. Señor, el que camina, alguna vez cae. Que sepamos levantarnos y ayudemos a los demás a seguir caminando.
¡Bendita y alabada sea la pasión y muerte de Nuestro Señor Jesucristo y los dolores de su Santísima Madre al pie de la Cruz. Así sea!
Padre Nuestro, Ave María y Gloria.

Cuarta Estación: Jesús encuentra a su Santa Madre

Señor, pequé, ten misericordia de mí. Te adoramos Cristo y te bendecimos, porque con tu Santa Cruz redimiste al mundo y a mí pecador. Amén.

"Una espada atravesará tu corazón" (Lc 2,35).

Considera alma mía, cómo el Señor con la Santa Cruz a cuestas encontró a su Santísima Madre triste y afligida. Señor, por el dolor que sufrió la Santísima Virgen María, te pedimos que bendigas a todas las madres que en este mundo sufren de alguna manera o por causa nuestra.

¡Bendita y alabada sea la pasión y muerte de Nuestro Señor Jesucristo y los dolores de su Santísima Madre al pie de la Cruz. Así sea!

Padre Nuestro, Ave María y Gloria.

Quinta Estación: El Cirineo ayuda a Jesús a llevar la cruz

Señor, pequé, ten misericordia de mí. Te adoramos Cristo y te bendecimos, porque con tu Santa Cruz redimiste al mundo y a mí pecador. Amén.

"Cuando llevaban a Jesús al Calvario, detuvieron a un cierto Simón de Cirene, que volvía del campo, y lo cargaron con la cruz, para llevarla detrás de Jesús" (Lc 23,26).

Considera alma mía, cómo los judíos contrataron a Simón Cirineo para que ayudara a llevar la cruz a nuestro Redentor, no movidos por la piedad, sino temiendo que se les muriese en el camino por el grande peso de la cruz. Señor, que sepamos dar un poco de nuestro tiempo y de nuestro amor a aquellos que lo necesitan.

¡Bendita y alabada sea la pasión y muerte de Nuestro Señor Jesucristo y los dolores de su Santísima Madre al pie de la Cruz. Así sea!

Padre Nuestro, Ave María y Gloria.

Sexta Estación: La Verónica limpia el rostro de Jesús

Señor, pequé, ten misericordia de mí. Te adoramos Cristo y te bendecimos, porque con tu Santa Cruz redimiste al mundo y a mí pecador. Amén.

"Muchos se horrorizaban al verlo, tan desfigurado estaba su semblante que no tenía ya aspecto de hombre" (Is. 52, 14).

Considera alma mía, como la Verónica, viendo a Su Majestad fatigado, y su rostro oscurecido con el sudor, polvo, salivas y bofetadas, se llegó con toda reverencia a limpiárselo con un lienzo, en el cual quedó impreso el rostro divino del Salvador. Señor, ayúdanos a ser también como la Verónica, cristianos valerosos, para consolar a los que lloran y sufren por el camino.

¡Bendita y alabada sea la pasión y muerte de Nuestro Señor Jesucristo y los dolores de su Santísima Madre al pie de la Cruz. Así sea!

Padre Nuestro, Ave María y Gloria.

Séptima Estación: Jesús cae por segunda vez

Señor, pequé, ten misericordia de mí. Te adoramos Cristo y te bendecimos, porque con tu Santa Cruz redimiste al mundo y a mí pecador. Amén.

"Eran nuestros sufrimientos los que llevaba, nuestros dolores los que pesaban… Ha sido traspasado por nuestros pecados, desecho por nuestras iniquidades…" (Is 53, 4-5).

Considera alma mía, cómo cayó el Señor por segunda vez en la puerta judiciaria. Señor, que no nos desalentemos frene a los fracasos o debilidades, sino que sepamos levantarnos y sigamos caminando.

¡Bendita y alabada sea la pasión y muerte de Nuestro Señor Jesucristo y los dolores de su Santísima Madre al pie de la Cruz. Así sea!

Padre Nuestro, Ave María y Gloria.

Octava Estación: Jesús consuela a las piadosas mujeres

Señor, pequé, ten misericordia de mí. Te adoramos Cristo y te bendecimos, porque con tu Santa Cruz redimiste al mundo y a mí pecador. Amén.

"Seguían a Jesús una gran multitud del pueblo y de mujeres, que se golpeaban el pecho y lloraban por él, pero Jesús volviéndose a ellas, les dijo: 'Hijas de Jerusalén, no lloren por mí; lloren más bien por ustedes y por sus hijos'" (Lc 23, 27-28).

Considera alma mía, cómo unas piadosas mujeres, viendo que llevaban a crucificar al Señor lloraron amargamente por verle tan injuriado. Señor, nos pides que lloremos por nosotros mismos por seguir en este mundo, pero ¿quién no se ha de compadecer de ti la mirarte así, Señor?.

¡Bendita y alabada sea la pasión y muerte de Nuestro Señor Jesucristo y los dolores de su Santísima Madre al pie de la Cruz. Así sea!

Padre Nuestro, Ave María y Gloria.

Novena Estación: Jesús cae por tercera vez

Señor, pequé, ten misericordia de mí. Te adoramos Cristo y te bendecimos, porque con tu Santa Cruz redimiste al mundo y a mí pecador. Amén.

"Venid a mí todos los que estén cansados y oprimidos y yo los aliviaré. Carguen mi yugo sobre ustedes, y aprendan de mí que soy manso y humilde de corazón, y encontrarán descanso para sus almas" (Mt 11, 28-29).

Considera alma mía, cómo cayó el Señor por tercera vez en tierra, hasta llegar con su santa boca al suelo; y queriéndose levantar, no pudo, antes volvió a caer de nuevo. Señor, que no seamos causa de tropiezo para los demás, sino una mano amigo que alivie y levante.

¡Bendita y alabada sea la pasión y muerte de Nuestro Señor Jesucristo y los dolores de su Santísima Madre al pie de la Cruz. Así sea!

Padre Nuestro, Ave María y Gloria.

Décima Estación: Jesús es despojado de sus vestiduras

Señor, pequé, ten misericordia de mí. Te adoramos Cristo y te bendecimos, porque con tu Santa Cruz redimiste al mundo y a mí pecador. Amén.

"Llegados al lugar llamado Gólgota le dieron a beber a Jesús vino mezclado con hiel, pero él, habiéndolo gustado, no quiso beber. Los que lo crucificaron se repartieron sus vestidos a suerte" (Mt. 27,33).

Considera alma mía, cómo habiendo llegado el Señor al Monte Calvario, los soldados sin piedad ninguna le despojaron de sus vestiduras. Señor, cuando el dolor nos toque y despoje de nuestro egoísmo y orgullo, que sepamos llenarnos de ti.

¡Bendita y alabada sea la pasión y muerte de Nuestro Señor Jesucristo y los dolores de su Santísima Madre al pie de la Cruz. Así sea!

Padre Nuestro, Ave María y Gloria.

Décima Primera Estación: Jesús es clavado en la Cruz

Señor, pequé, ten misericordia de mí. Te adoramos Cristo y te bendecimos, porque con tu Santa Cruz redimiste al mundo y a mí pecador. Amén.

"Cuando llegaron al lugar llamado Calvario, crucificaron allí a Jesús y a los dos malhechores, uno a la derecha y el otro a la izquierda" (Lc 23,34).

Considera alma mía, cómo fue clavado el Señor en el cruz; y oyendo su Santísima Madre el primer golpe de martillo, quedó transida de dolor. Señor, que tengamos el valor y la voluntad de perdonar a todos los que nos ofenden.

¡Bendita y alabada sea la pasión y muerte de Nuestro Señor Jesucristo y los dolores de su Santísima Madre al pie de la Cruz. Así sea!

Padre Nuestro, Ave María y Gloria.

Décima Segunda Estación: Jesús muere en la Cruz

Señor, pequé, ten misericordia de mí. Te adoramos Cristo y te bendecimos, porque con tu Santa Cruz redimiste al mundo y a mí pecador. Amén.

"Hacia la hora sexta, las tinieblas cubrieron la tierra hasta la hora nona. El sol se eclipsó y el velo del Templo se rasgó en medio. Y Jesús, con fuerte voz dijo: 'Padre en tus manos encomiendo mi espíritu'. Y al decir esto, expiró" (Lc 23, 44-46).

-Nos arrodillamos y permanecemos en silencio un momento-

Considera alma mía, cómo crucificado ya el Señor, y cruelmente atormentado, exhaló por tu amor el último suspiro. Señor, ayúdanos a comprender que morir no es quedarnos muertos, sino nacer a una nueva vida.

¡Bendita y alabada sea la pasión y muerte de Nuestro Señor Jesucristo y los dolores de su Santísima Madre al pie de la Cruz. Así sea!

Padre Nuestro, Ave María y Gloria.

Décima Tercera Estación: Jesús en los brazos de María Santísima

Señor, pequé, ten misericordia de mí. Te adoramos Cristo y te bendecimos, porque con tu Santa Cruz redimiste al mundo y a mí pecador. Amén.

"Un hombre llamado José, el cual era del Consejo, hombre bueno y justo, de Arimatea, cuidad judía, quien esperaba también el reino de Dios, que no había estado de acuerdo en la resolución de ellos, en sus actos, fue a ver a Pilato y le pidió el cuerpo de Jesús. Después lo bajó y lo amortajó en una sábana" (Lc 23, 50-53).

Contempla alma mía, cómo José y Nicodemo bajaron de la cruz el santo Cuerpo y le pusieron en los brazos de la Santísima Virgen. Señor, que el dolor por quienes amamos nos lleve a comprender tu pasión y tu sufrimiento por nosotros.

¡Bendita y alabada sea la pasión y muerte de Nuestro Señor Jesucristo y los dolores de su Santísima Madre al pie de la Cruz. Así sea!

Padre Nuestro, Ave María y Gloria.

Décima Cuarta Estación: Jesús es puesto en el sepulcro

Señor, pequé, ten misericordia de mí. Te adoramos Cristo y te bendecimos, porque con tu Santa Cruz redimiste al mundo y a mí pecador. Amén.

"José tomó el cuerpo de Jesús, lo envolvió en una sábana limpia, y lo depositó en su propio sepulcro nuevo, que había hecho cavar en la roca, hizo rodar una piedra grande a la puerta del sepulcro y se retiró". (Mt 27, 59-60).

Contempla alma mía, cómo la Virgen María, Señora nuestra, acompañó a colocar el Cuerpo de su querido Hijo en el Santo Sepulcro. Señor, que no tengamos miedo de morir, porque la muerte es un paso a la vida que eres tú.

¡Bendita y alabada sea la pasión y muerte de Nuestro Señor Jesucristo y los dolores de su Santísima Madre al pie de la Cruz. Así sea!

Padre Nuestro, Ave María y Gloria.

Oración final
Se reza un Padre Nuestro, una Ave María y un Gloria, por las intenciones del Papa, luego se añade:

Señor Jesús, hemos llegado al final de este camino doloroso que tú recorriste. Ahora levantamos nuestra vista y te vemos suspendido en la cruz, con las manos y los pies traspasados por los clavos y con la cabeza coronada de espinas. Sabemos Señor Jesús, que tu sufrimiento es el fruto de tu infinito amor por nosotros. Tú agonizas y mueres por nosotros. Haz que también nosotros te amemos mucho, para que vivamos fielmente a tu pasión y muerte y jamás nos separemos de ti por el pecado.

Te lo pedimos por los dolores de tu madre la Virgen María. Amén.

Despedida:

Recordemos las palabras del ángel: "No teman, sé que buscan al crucificado. No está aquí, ha resucitado como lo había dicho. Vayan aprisa a decir a sus discípulos: ¡ha resucitado!".

Terminado el 25 de marzo, 2014
Solemnidad de la Anunciación del Señor

Made in the USA
Coppell, TX
11 March 2022

74825428R00096